Dados Internacionais de Catalogação na Publicação (CIP)
(Câmara Brasileira do Livro, SP, Brasil)

Mantovani, Mariangela
   Filhos felizes : o segredo da educação de adolescentes para uma vida bem-sucedida / Mariangela Mantovani. -- São Paulo : Paulinas, 2018. -- (Coleção psicologia, família e escola)

ISBN 978-85-356-4410-4

   1. Adolescência 2. Adolescentes - Aspectos sociais 3. Adolescentes - Relações familiares 4. Educação de adolescentes 5. Emoções na adolescência 6. Pais e filhos 7. Puberdade 8. Sexualidade I. Título. II. Série.

18-15859 CDD-649.125

Índice para catálogo sistemático:
1. Educação de adolescentes : Papel dos pais :
   Vida familiar   649.125

Cibele Maria Dias - Bibliotecária - CRB-8/9427

1ª edição 2018
1ª reimpressão 2019

Direção-geral: *Flávia Reginatto*
Editora responsável: *Andréia Schweitzer*
Copidesque: *Simone Rezende*
Coordenação de revisão: *Marina Mendonça*
Revisão: *Sandra Sinzato*
Gerente de produção: *Felício Calegaro Neto*
Projeto gráfico: *Manuel Rebelato Miramontes*
Produção de arte: *Tiago Filu*
Capa: *baiaku.com.br*

Nenhuma parte desta obra poderá ser reproduzida ou transmitida por qualquer forma e/ou quaisquer meios (eletrônico ou mecânico, incluindo fotocópia e gravação) ou arquivada em qualquer sistema ou banco de dados sem permissão escrita da Editora. Direitos reservados.

Paulinas
Rua Dona Inácia Uchoa, 62
04110-020 – São Paulo – SP (Brasil)
Tel.: (11) 2125-3500
http://www.paulinas.com.br
editora@paulinas.com.br
Telemarketing e SAC: 0800-7010081
© Pia Sociedade Filhas de São Paulo – São Paulo, 2018

Agradeço a Deus pela presença constante
em minha vida e por revelações importantes
enquanto realizo cada trabalho.

Dedico este livro ao meu filho Bruno,
que me ensinou durante sua adolescência
e me ensina até hoje, aos seus 35 anos,
sobre educar filhos num mundo tão inovador.

Dedico também este livro aos meus
pacientes adolescentes e a seus pais, que mostram
o resultado de um trabalho intenso,
porém, leve e gostoso.
E aos educadores que confiam em meu trabalho.

Por fim, dedico a obra
às memórias póstumas dos meus pais.

Sumário

APRESENTAÇÃO 7

PREFÁCIO 9

1. A ADOLESCÊNCIA E SEUS DESAFIOS 13

Os três lutos fundamentais da adolescência 18
Uma gangorra de emoções 22
Os pais também vivem os lutos 27
A angústia de ser 32
Então... vamos falar de sexualidade? 37
As más companhias 49
Falando sobre gênero 50

2. AS DINÂMICAS FAMILIARES E O
DESENVOLVIMENTO DO ADOLESCENTE 53

A família infantilista 58
A família adultista 69
A família sem limites 75
A família expulsiva 80
A família desorganizada 88
A família funcional 91

3. MINIGUIA PARA TRANSFORMAR ADOLESCENTES
EM ADULTOS FELIZES E BEM-SUCEDIDOS 93

As três dimensões do limite: respeitar fronteiras,
transpor fronteiras, respeitar a privacidade 102
As cinco habilidades essenciais para seu filho ser
bem-sucedido 111

CONCLUSÃO 125

Apresentação

"Você vai ser um campeão!". Lembro-me da primeira recordação de ter ouvido essa frase. Eu devia ter uns 3 ou 4 anos. Com certeza, essa frase foi dita muitas vezes antes disso e, apesar de não ter uma lembrança anterior a esse momento, desde meus primeiros passos ela tem um grande impacto em minha vida.

Mais do que ser um campeão em si, o que acabou acontecendo diversas vezes com o handebol, esporte que escolhi aos 8 anos, a frase "Você vai ser um campeão" me ensinou a pensar positivo, acreditar em mim, lutar pelas coisas que acredito e jamais desistir.

"Você vai ser um campeão!" me faz lembrar uma vida de aprendizados, vitórias, derrotas, alegrias, tristezas, amores, viagens e amigos, muitos amigos! Uma história de vida que tem sido, acima de tudo, FELIZ!

A autora dessa frase tão simples e impactante é a minha mãe, Mariangela Mantovani, minha melhor amiga e parceira de todas as jornadas! Ela está sempre ao meu lado para eu ser um campeão, para eu ser FELIZ!

A Mari, como todos a chamam, não impactou e impacta apenas a minha vida, mas a vida de milhares de pessoas que ao longo dos anos buscam apoio para a formação de FILHOS FELIZES!

Bruno Mantovani Estelita Pessoa

Prefácio

Primeiramente, quero agradecer e expressar meu sentimento de lisonja por ter sido escolhida e convidada a fazer este prefácio. Não senti nenhuma dificuldade em escrever sobre Mariangela Mantovani, aliás. Primas que somos, convivemos desde nosso nascimento. Somos colegas de profissão, psicólogas e psicodramatistas "das antigas". Somos, além de tudo, parceiras.

Acompanho a trajetória pessoal e profissional da Mariangela desde o início. Sempre foi (e continua sendo) estudiosa, dedicada, batalhadora, conquistadora e vitoriosa. Trabalha com psicologia escolar e clínica, transitando muito certeiramente por essas áreas. Uma de suas atividades, para além do consultório, é o trabalho nas escolas, por meio de palestras, cursos e atividades com pais, educadores e alunos. Mariangela faz um trabalho muito bonito de conscientização sobre a saúde mental e relacional.

Este livro vem coroar mais uma etapa de sua caminhada. A obra anterior, *Quando é necessário dizer não*, da mesma editora, já está em sua quarta edição e foi apresentado na feira de livros de Frankfurt, traduzida e publicada em países como a Colômbia e Portugal. Nela, a autora esclarece sobre a importante questão dos limites, fundamentais para o desenvolvimento saudável da criança e do adolescente. No livro que você tem em mãos, Mariangela também aborda os limites, mas fala também de sexualidade, da relação dos jovens com as redes sociais, das dinâmicas familiares e termina explicando como desenvolver as cinco características que tornarão seu filho um adulto bem-sucedido. O que você tem em mãos é um verdadeiro guia para ser um pai e uma mãe antenados com as necessidades dos adolescentes de hoje.

Unindo a compreensão da Educação, da Teoria do Desenvolvimento e da Psicologia Clínica, a autora aborda a família como *locus* do desenvolvimento afetivo do indivíduo. Escreve sobre temas da adolescência contemporânea e suas vicissitudes, os primeiros relacionamentos afetivos e também sobre assuntos que deixam os pais "de cabelo em pé", como os "nudes" e outros excessos do mundo virtual.

A adolescência é um período longo, turbulento, que carrega resquícios da infância enquanto mira o mundo adulto. É a interface entre dois mundos diversos e igualmente intensos. Com isso, o adolescente, muitas vezes, se sente perdido. Precisa de orientação, de acolhimento, de incentivo, de compreensão.

O jovem de hoje é mais livre do que era antigamente. Tem mais estímulos e possibilidades, mas, não raro, fica sozinho, sofre, não se entende. Além disso, frequentemente se vê ante o desafio e da cobrança de "dar certo na vida". Diante de tantos incentivos externos, que vêm da internet, da mídia e de sua vida social, ele se depara com uma nova forma de ver o mundo e exercitar a intimidade. O afeto, o aconchego, a educação e a aprendizagem não podem faltar durante esse processo.

Os papéis sociais estão confusos na contemporaneidade, seja por creditarem ao adolescente algo que não lhe cabe ou por quererem dele algo para o qual não está pronto. Nesse sentido, o desenvolvimento dos papéis pode ficar incompleto ou deficitário, e Mariangela esclarece muito bem essa questão no livro, ajudando os pais nesse sentido. Em linguagem acessível, ela traz questionamentos, esclarecimentos e considerações muito úteis para pais, educadores e até mesmo para os próprios adolescentes.

Para os educadores, essa obra vem ser um precioso instrumento para a compreensão de alguns aspectos teóricos da adolescência. Para os pais, uma apresentação de conceitos e explicações sobre alguns processos vividos por seus filhos, o que contribui para melhorar seu relacionamento em família. Para o adolescente, pode ser útil para começar entender a si mesmo, ao abordar situações vividas por ele. A partir de seu estudo, é possível refletir e construir uma adolescência mais plena e saudável para um futuro mais promissor.

Aproveitem a leitura!

Norka Bonetti
Psicóloga, psicodramatista,
psicoterapeuta de adultos,
adolescentes e grupos, terapeuta
e membro da Coordenação da Clínica Psicológica
e professora do Departamento de Psicodrama do
Instituto Sedes Sapientiae, em São Paulo.

1. A adolescência e seus desafios

Um dia, aquela criança que sorria, brincava e apreciava a companhia dos adultos começa a mudar. Os brinquedos são deixados de lado. Os passeios com a família, que antes eram motivo de alegria, não despertam mais tanto interesse – isso quando não passam a ser considerados "coisa de velho". Se antes dormia nos horários estabelecidos, agora é um "deus nos acuda" para convencer a ir para a cama. A criança cresceu e se tornou um adolescente.

Vive com os olhos grudados no celular, conversando com os amigos e, se o adulto falar algo contra tanta empolgação em relação às novas tecnologias, é capaz de ouvir: "Você pode me deixar em paz?". Diante dessa e de outras reações desagradáveis, às vezes os pais se perguntam: "Oi? Quem é essa pessoa? Cadê meu filho?". Calma, muita calma. Respire fundo e vamos conversar um pouco sobre essa fase complicada – e também maravilhosa – que é a adolescência.

Você se lembra da sua? Eu lembro bem. Quando eu tinha 15 anos de idade, não tinha nem ideia do que era certo ou errado, e morria de vergonha de perguntar. Na verdade, quase tudo me envergonhava. Eu sentia intensamente qualquer coisa que acontecia em minha vida e não sabia exatamente como agir. Hoje, após quatro décadas trabalhando como terapeuta, quando atendo adolescentes vejo nos olhos deles como essa fase pode ser perturbadora e me lembro de mim mesma. Recordo como foi importante ter o apoio, o afeto e a compreensão de meus pais e professores para crescer forte e feliz. No meu caso, a adolescência foi uma fase um tanto turbulenta, mas, em alguns casos, ela pode ser vivida como um verdadeiro terremoto.

Imagine o seguinte: de uma hora para outra, o corpo do pré-adolescente começa a se transformar. Nos rapazes há maior produção de testosterona, principalmente depois dos 13 anos de idade. Ocorre a produção de espermatozoides, a primeira ejaculação, o crescimento em altura e força física, o desenvolvimento dos testículos, o aumento do pênis, o aparecimento dos pelos pubianos, as mudanças na voz e, mais tarde, o desenvolvimento da barba. Nas meninas crescem os seios, o quadril alarga-se, aparecem os pelos pubianos e acontece a primeira menstruação. Todas essas modificações traduzem a passagem progressiva da infância à adolescência.

Acontece que essas adaptações físicas nem sempre são acompanhadas, na mesma velocidade, pela maturidade psicológica. Esse processo pode gerar dúvidas e medo, pois é preciso dar adeus ao corpo de criança e enfrentar os desafios da construção de uma nova identidade. Talvez por isso a puberdade seja uma fase tão pontuada por extremos. Em busca de uma psique mais adequada a esse novo corpo, fonte de prazer e de angústia, o adolescente por vezes se sente deslocado. Com frequência, sente uma angústia e uma raiva tão intensas que acaba descontando em quem está ao redor, desestabilizando até os pais mais pacientes. É como se, para esse jovem, tudo estivesse em suspenso, até corpo e mente se assentarem em uma nova realidade.

É uma fase muito delicada. Uma das queixas que mais frequentemente ouço da família e dos professores é de que o adolescente é um ser instável – uma hora está alegre, outra está triste, uma hora se aproxima, para então se afastar completamente –, deixando quem convive com ele desorientado. Tantos altos e baixos fazem com que os adultos se perguntem: "Isso é normal? Meu filho/meu aluno está com problemas? O que devo fazer?". Confesso que já perdi a conta de quantos pais e professores chegaram a mim para desabafar, a ponto de largar mão. Nas assessorias escolares sempre ouço dos professores: "Tive de mandar o menino para fora da sala! Hoje ele está terrível, não para de falar e ainda por cima é respondão! O que eu faço?".

Antes de partir para a ação, faço um convite para pensarmos no que a psicanalista austríaca Anna Freud disse sobre a adolescência. Segundo ela, as transformações corporais e psíquicas desse período têm como consequência natural a instabilidade. É dessa instabilidade, na verdade, que surgirão recursos para o adolescente construir uma nova visão de si mesmo e do mundo. Ela afirma, inclusive, que um comportamento perfeitamente estável seria anormal e improdutivo nesse momento da vida.

Logo, em vez de achar que a instabilidade é "pura provocação", pais e educadores devem olhá-la sob outro prisma. Para isso, precisam deixar de lado o medo e a hostilidade. Que tal fazermos um exercício? Lembre-se de si mesmo aos 15 anos de idade. O que você sentia naquela época? Como era a sua relação com seus pais, com seu corpo? Os desentendimentos entre vocês possivelmente aumentaram, certo? Por que será que isso acontecia?

As mudanças de comportamento no adolescente têm raízes profundas. De acordo com o psiquiatra argentino Maurício Knobel, as lutas e rebeliões do jovem são consequência de seus conflitos internos. Pense num caranguejo que está crescendo. Chega um ponto em que seu exoesqueleto começa a impedir seu desenvolvimento, e é nesse momento que o animal precisa mudar de casca para continuar a se expandir. Assim, a antiga carapaça se solta e, embaixo dela, surge um novo exoesqueleto, ainda mole e em formação, portanto frágil.

Demora um tempo para que esse novo corpo se expanda e se torne forte, para que o caranguejo possa viver bem adaptado ao seu meio. Algo parecido ocorre com o adolescente, ou seja, o corpo de criança já não é mais adequado ao ser humano em desenvolvimento. O dono da nova constituição física, ou seja, o adolescente, não tem controle sobre as modificações corporais trazidas pela puberdade e nem sempre as internaliza na mesma velocidade em que aparecem, o que pode gerar muita insegurança.

Segundo a pediatra e psicanalista francesa Françoise Dolto, isso acontece porque existem dois tipos de corpos: o físico, que é visto pelo mundo (no caso do adolescente, um corpo amadurecendo, em constante transformação), e a imagem corporal, que é como o indivíduo enxerga psiquicamente a própria imagem. Muitas vezes, o adolescente ainda está apegado à sua imagem corporal de criança ou não consegue integrar rapidamente o surgimento dos caracteres sexuais, o que faz com que o corpo físico seja diferente da imagem que o adolescente faz de si. Ao contrário dos caranguejos, os seres humanos não lidam apenas com as transformações físicas. Com o corpo novo, precisam construir uma nova imagem psíquica. É muita coisa para lidar, você concorda?

Essa grande confusão desorganiza o núcleo do eu (em linguagem mais simples, podemos pensar que desorganiza a identidade) e pode afetar, inclusive, a motricidade.

Uma adolescente que tenha a imagem corporal infantil, por exemplo, pode tentar esconder os seios, encurvando a coluna. Ela faz isso porque ainda não tem maturidade psicológica para elaborar as alterações corporais. Nesse caso, tenta adequar o corpo físico à imagem que faz de si mesma (no caso, a de uma criança que ainda não deve ter seios).

Uma vez atendi um garoto com dificuldade semelhante. Ele tinha treze anos e falava frequentemente nas sessões de terapia: "Eu me olho no espelho e não me reconheço. Mudei demais, essa não é a minha cara". Essa complexidade para aceitar o próprio corpo também pode ser percebida nas escolas. É comum vermos, em pleno verão, alunos usando blusões e capuzes, escondendo-se de si mesmos e dos outros. E não é para menos, já que, de uma hora para outra, o pé fica grande, o corpo espicha, o seio aparece, a cintura afina...

Acontece o contrário também. Alguns pré-adolescentes, por volta dos 11 anos de idade, ainda têm o corpo infantil, mas já entraram na pré-adolescência psíquica, tendo recursos psicológicos condizentes com as transformações corporais que ainda não vieram. Costumam, então, ter dificuldade de concentração, de relacionamento com os colegas da escola (acham-nos infantis) e começam a questionar a autoridade de seus pais e mestres.

Costumo receber no consultório alguns casos típicos de adolescência psíquica. Geralmente, o rendimento escolar cai e muitos se isolam. Nos casos mais agudos, agem como se fossem mais velhos e podem, inclusive, achar que o mundo está contra eles. Quem nunca ouviu as famosas frases: "Você quer acabar com a minha vida!"

ou "Me deixa em paz!" ou "Você é muito chata(o)!" ou "Sai já do meu quarto!".

Independentemente de o adolescente ainda se apegar ao corpo de criança ou já se sentir um adolescente antes mesmo das transformações corporais acontecerem, é nas vivências do corpo físico e do corpo psíquico que ele buscará sua identidade e importância pessoal. É um processo essencialmente desarmônico. Quando criança, esse indivíduo sentia-se protegido e tinha claras as funções de seu corpo e de seu papel. Essas funções, depois de um tempo – que varia para cada adolescente –, passam a não atender mais aos seus desejos e expectativas.

Ao mesmo tempo, o adolescente não sabe ainda que papel desempenhar e qual o espaço para esse novo corpo na relação com o mundo e com o outro. A estabilidade da infância é rompida. A tríade corpo, mente e interação social é redimensionada. Há um novo corpo, uma nova forma de pensar e, consequentemente, a necessidade de se colocar no mundo de maneira mais autêntica e contestadora.

Os três lutos fundamentais da adolescência

Segundo a psicanalista argentina Arminda Aberastury, o adolescente passa por três lutos fundamentais: o luto pelo corpo infantil, o luto pelo papel e pela identidade infantis (que o obriga a uma renúncia da dependência e a aceitar responsabilidades que muitas vezes desconhece) e o luto pelos pais da infância. Esses lutos não acometem apenas o adolescente, mas também seus pais. Para entender melhor como essas mudanças serão processadas dentro da família, convido pais e educadores a conhecerem um pouco do trabalho do psiquiatra romeno, Jacob Levy Moreno, criador do psicodrama. A partir de alguns de seus conceitos, poderemos entender melhor a importância de viver corretamente os lutos citados por Aberastury.

Moreno ensina que nós, humanos, somos seres biopsicossociais. Quando nasce, a matriz da identidade da criança é baseada na psicodinâmica familiar e em tudo o que permeia seu ambiente. Em seus primeiros meses de vida, a mãe funciona como ego auxiliar para o bebê. É ela que atende as necessidades fisiológicas, controla o ir e vir e os objetos com os quais a criança entra em contato. Ela também ajuda a criança a desenvolver a imagem inconsciente de seu corpo, por meio do cuidado, higiene e ao alimentá-la.

No início, a psique da criança está caótica e indiferenciada. Numa relação simbiótica com a mãe, ela não sabe se diferenciar do seio materno. Segundo sua psique, mãe, seio, fome e leite, por exemplo, são a mesma coisa para a criança, tudo uma coisa só. É uma fase caótica e indiferenciada, em que o bebê sente que ele e a mãe são o mesmo ser. A mãe também vive profundamente essa fase. Sabe aquele momento em que a sala está cheia de visitas e a mãe percebe que lá no quarto o bebê acordou e está resmungando baixinho? É bem por aí. Essa ligação profunda e atávica é uma bênção da natureza e garante a sobrevivência do ser que acabou de chegar ao mundo.

Com o tempo, a criança amplia a sua percepção. Percebe que ela e a mãe são seres distintos, mas isso ainda acontece de forma lenta e limitada. Quando vê a mãe, perde a noção de si mesma e, quando percebe a si mesma, perde a noção da mãe. Moreno chama isso de *relação unilateral*.

É como se o bebê só pudesse perceber *ou* a sua própria existência *ou* a da mãe, quando estão num mesmo ambiente. Nesse período, o casal precisa de muita maturidade para que o relacionamento não fique abalado, pois é comum o pai da criança sentir que não serve para nada. Aos papais que me leem e que estão vivendo essa fase, muita calma. Essa sensação passará. Logo mais chegará a sua vez de participar mais e mais do relacionamento em família.

Num próximo momento, o bebê conseguirá, num mesmo ambiente, perceber a si e a mãe ao mesmo tempo. Nessa fase, ele desenvolve o que se chama de *relação bipessoal*, ou seja, ele em relação a ela. É o primeiro grande processo de individuação. Posteriormente, será capaz de desenvolver a *triangulação*, ou seja, se relacionar com uma terceira pessoa ao mesmo tempo (geralmente, o pai). Essa fase é muito importante, pois a terceira pessoa dá ao bebê a oportunidade de entender que é capaz de estabelecer novos relacionamentos, e mais: que um relacionamento com uma terceira pessoa não coloca em risco seu relacionamento com a mãe e, consequentemente, a sua sobrevivência.

A fase da triangulação é uma semente para desenvolver a teia de relacionamentos que será caracterizada pela próxima fase, a da *circularização*. Por volta dos três ou quatro anos, a criança começa a participar de grupos (geralmente na escolinha), formando uma percepção mais complexa do eu, do tu e do nós. Para conseguir, no entanto, "circularizar" de forma saudável é preciso que a criança tenha se sentido segura nas fases anteriores, a ponto de ter se desenvolvido gradativamente com a ajuda dos pais. A atitude da família é essencial nesse processo.

Ainda que a criança não costume ter memórias anteriores aos três anos de idade, fica gravada em seu psiquismo a forma como pai e mãe lidaram com essas fases do desenvolvimento.

Há casos, por exemplo, em que a mãe se apega à fase bipessoal, enxergando o relacionamento do bebê com uma terceira pessoa como algo potencialmente ameaçador à sua relação com o filho. Se a mãe não abre mão de ser o centro da vida da criança, ela pode fazer com que o filho não se sinta seguro ao se relacionar com outras pessoas. Esse apego e fixação no relacionamento bipessoal pode causar problemas.

Uma vez atendi um garoto de 10 anos de idade que ia muito mal na escola. Ele estava quase para ser retido na série e, caso isso acontecesse, não entraria no Ensino Fundamental II, onde conviveria com os pré-adolescentes. O menino enxergava a adolescência como potencialmente ameaçadora ao seu relacionamento com a mãe talvez porque, inconscientemente, essa mãe quisesse mantê-lo num relacionamento bipessoal (como o eterno bebê), sem interação com outras pessoas. Nesses casos, sempre convido a família a participar do processo terapêutico. Muitas vezes, os nós não estão apenas no comportamento do adolescente, mas estendem-se à dinâmica da relação familiar (falaremos disso no segundo capítulo).

Na adolescência todas as fases descritas por Moreno serão revividas. Se algo ficou mal resolvido na fase simbiótica e/ou na fase bipessoal, na triangulação e/ou na circularização, o adolescente terá a oportunidade de resolver a partir da construção de novas bases psíquicas. Isso é possível na adolescência (e não na primeira infância), porque nela ocorre a aquisição do pensamento abstrato.

Enquanto na infância o indivíduo se contenta plenamente com explicações simples (vindas, na maioria das vezes, de seus pais), na adolescência ele adquire a capacidade de pensar sobre situações abstratas, levantar hipóteses, ligá-las a acontecimentos passados, preencher lacunas e interpretar de forma mais elaborada o que é dito.

É por isso que responder simplesmente "porque não!" já não funciona. O adolescente passa a chegar sozinho a conclusões mais complexas. Assim, pode experimentar (de maneira mais amadurecida do que na infância) a forma com que vive os relacionamentos. Passa a questionar intelectualmente, e por meio da vivência com o novo corpo, a relação com os pais e com os outros.

Uma gangorra de emoções

A aquisição do pensamento abstrato e o amadurecimento físico do adolescente fazem com que uma relação simbiótica e de dependência psíquica com a mãe, por exemplo, não seja mais adequada. Os pais precisarão rever os próprios comportamentos e devem evitar chamar o filho por apelidos em diminutivo (lembro o caso de uma mãe que tinha um menino de 12 anos a quem ainda chamava de "meu bebezinho"). É preciso reconhecer o filho como alguém que está crescendo e estimular sua autonomia de acordo com sua idade e maturidade. Às vezes é mais difícil para a mãe do que para o filho vivenciar a transição para a nova fase. E aí por vezes sou firme em dizer: "Pare de chamá-lo de filhinho, bebezinho".

Se é adequado, por exemplo, esquentar a refeição de uma criança de 7 anos, isso já não é mais necessário quando ela tem 12 anos. Ela pode apertar o botão do micro-ondas e esquentar a própria comida, certo? Existe um limite entre zelar e manter o adolescente dependente e, muitas vezes, com as melhores das intenções, os pais se confundem nesse processo. A sociedade, vale lembrar, cobra um preço alto de quem não desenvolve a própria autonomia, e essa é uma habilidade que se constrói a partir do exemplo dado em casa. O jovem que não desenvolve a autonomia, na hora de buscar a liberdade, corre o risco de ficar emocionalmente dependente dos amigos e copiar tudo o que fazem – tanto comportamentos bons quanto ruins.

Quando os pais tentam manter o adolescente embaixo de suas asas a qualquer custo, o jovem entende que não é reconhecido como alguém que está crescendo e é capaz de pensar por si. Se ele tem força psíquica suficiente, possivelmente lutará por mais espaço e autonomia, às vezes de forma inadequada e a ponto de colocar em risco a própria segurança. Atendi os pais de um garoto de 13 anos que simplesmente deixou de avisar aos pais quando saía de casa. A mãe ficava desesperada sem saber onde ele estava, ligava para todo mundo e, quando chegava, dizia a ela: "Que é que tem? Eu estava no shopping".

Definitivamente não é uma forma apropriada de buscar autonomia, mas, se não existe espaço para conversar em casa sobre liberdade e responsabilidade, é possível que o adolescente force os limites. O resultado do cabo de guerra – os pais lutando para manter o controle sobre o filho e o adolescente lutando por independência – costuma estressar ambos os lados.

É por isso que insisto tanto com as famílias e os professores sobre a importância do diálogo franco e ético. Não precisa xingar e muito menos dar safanões. Um bate-papo verdadeiro e empático (tentando enxergar o outro com os olhos dele) sobre os sentimentos e reivindicações do adolescente pode ser uma ferramenta muito eficaz para transmitir consideração e proteção. Quando ele é ouvido, tende a manter uma postura mais aberta, até mesmo às negativas dos pais em relação a algum pedido. Se não existe conversa, o vínculo emocional fica prejudicado e a comunicação pode, inclusive, sofrer abalos sérios.

Atendi uma família em que o pai de uma garota de 18 anos tinha dificuldade em aceitar que ela estava crescendo. Ele não queria oferecer nenhum tipo de liberdade, tornando a negociação entre os dois impossível. A garota formou-se no Ensino Médio, conseguiu um emprego e foi morar na casa de amigos. Só então, os pais (em desespero) passaram a dialogar com ela para trazê-la de volta e prosseguir com sua vida acadêmica. Precisava de tanto sofrimento? Será que uma conversa aberta entre ambas as partes não faria com que a jovem tivesse um pouco mais de liberdade e que entendesse também a importância de conviver com os pais e levar em consideração a experiência de vida e conselhos deles?

"Eles não me deixam fazer nada! Eu não posso nem ir até a esquina sozinha! Eu queria que eles entendessem que eu preciso do meu espaço!" Quantas e quantas vezes eu ouvi essas frases em meu consultório! Do outro lado, mais afirmativas: "Ele acha que não precisa me dar nenhuma satisfação!"; "Ela não entende que eu sei mais do que ela, olha quantos anos eu já vivi!". Não seria melhor colocar todas essas questões à mesa, entender as expectativas e os desejos de cada um e discutir conjuntamente a partir de uma base comum de afeto e confiança?

Já tive contato com pais tão tristes e desorientados diante dessas discussões comuns à adolescência que simplesmente abriram mão de seus filhos, deixando de acompanhar seus passos. Há jovens que passam a entrar e sair de casa na hora que querem. Nem preciso dizer que esse tipo de comportamento será muito prejudicial no futuro, pois ninguém pode fazer tudo o que deseja e o que bem entende em nossa sociedade.

Tenho uma recordação muito especial da adolescência do meu filho. Quando ele tinha 15 anos, eu costumava buscá-lo nas baladas. Muitas vezes, a turma de amigos vinha dormir em minha casa e, no caminho de volta, dentro do carro, comentavam como tinha sido a noite. Era muito divertido ouvi-los falar, contar das paqueras, se as meninas tinham dado atenção para eles, se haviam dançado muito... Era muita risada, um tirando barato da cara do outro. Quando chegávamos, a turma inteira sentava à mesa para lanchar (era praticamente um ritual deles, antes de dormir). Muitas vezes, eles me colocavam na conversa e, assim, eu tinha a oportunidade de entender e participar um pouco daquelas vivências e descobertas. Se eu tivesse, naquelas ocasiões, uma postura julgadora sobre o que diziam, possivelmente não teria conseguido construir um canal aberto com meu filho. Naquela época, chegamos juntos à conclusão de que era saudável que ele fosse às festas e convivesse com os amigos, mas também precisava respeitar uma série de regras. Debatíamos sobre elas – tinha hora para voltar, não podia ingerir bebidas alcoólicas e tinha de ser em lugares conhecidos.

Nunca deixe de participar da vida de seu filho. Procure buscá-lo nas festas e baladas (se você for sortuda/o como eu fui, isso renderá ótimas lembranças). Eu sei que a vida é corrida e que muitas vezes chegamos exauridos ao final de semana, mas já pensou em como pode ser reconfortante para seu filho saber que você está ali para ele, em vez de topar com a cara desconhecida de um motorista de táxi? Essas pequenas atitudes reforçam o vínculo. Acredite, é possível participar da vida do adolescente sem ser invasivo. E é preciso estar perto, sobretudo porque a busca por autonomia e independência não acontece em um só sentido. Ela costuma ser acompanhada – pasme! – por alguns rompantes de dependência.

Veja o caso de uma menina de 15 anos. Ela estava no primeiro ano do Ensino Médio de uma escola particular. A garota queria combinar os programas com as amigas e apenas avisar à mãe que ia, sem precisar pedir ou dar informações mais detalhadas. Ela brigava para, nas palavras dela, ter mais liberdade, mas, ao mesmo tempo, reclamava que a mãe não sentava ao lado dela para estudar e fazer as tarefas. Certa vez, numa sessão conjunta, a garota chorava e gritava que a mãe não gostava dela, que achava que ela já sabia fazer tudo sozinha e que lhe dava pouca atenção. Mas queria sair com as amigas e achava que já era suficientemente adulta para isso.

Confesso que tive vontade de rir. A garota transitava entre comportamentos de independência e dependência, e a mãe não sabia se devia ficar próxima ou se "deixava a garota em paz". Estava a ponto de enlouquecer e, se não se controlasse, daria uns tapas na filha.

Você já se sentiu assim? Que bom, depois dessa história, talvez você não se sinta mais tão sozinha/o. Bem-vinda/o ao CPDBS, o Clube dos Pais Desesperados em Busca de uma Solução. E a solução existe, tranquilize-se.

É nesse processo de dar dois passos para a frente e um para trás, uma hora exigindo autonomia e outra pedindo "colo", que o adolescente avança gradativamente. Esse comportamento "gangorra" acontece porque, ao mesmo tempo em que o adolescente quer liberdade, ele também tem medo de abrir mão da relação de dependência, à qual está acostumado desde a infância. O amadurecimento permitirá aceitar ser independente dentro de um limite necessário de dependência. Para isso, os pais precisarão compreender e aceitar essa flutuação natural entre os dois comportamentos e agir como um espectador ativo.

Mas, Mariangela, como eu faço isso? Esteja à disposição do seu filho, tanto nos momentos de dependência quanto nos de independência, de acordo com a maturidade e a necessidade dele. Observe seu desenvolvimento, como lida com as responsabilidades para, então, fornecer o grau de liberdade adequada. Reflita sobre a diferença entre dar colo e estimular que ele corra para você ao menor sinal de contrariedade da vida. Ser pai e mãe é uma tarefa que exige entrega, empenho e reflexão. Não hesite em procurar ajuda terapêutica – para você e para o adolescente – se estiver com dificuldades.

Os pais também vivem os lutos

Vamos falar de você? Deixe seu filho um pouco de lado. Talvez ele esteja lá no quarto, correndo a ponta dos dedos pelo tablet ou digitando trinta mensagens ao mesmo tempo no celular. Talvez esteja passando atrás de você nesse exato momento, fazendo um vídeo para o Snapchat, em que você acaba aparecendo ao fundo, com a camisola furada e a cara derrotada, enquanto ele ri e fala gírias que você desconhece. "Pô, mãe, você atrapalhou meu vídeo!"

Você olha para o rosto dele e sente uma vontade irresistível de ir até seu quarto, em busca de certo álbum azul. Assim que abre na primeira página, é transportada para um mundo mágico. Um mundo onde ele era um bebê bochechudo e sorridente. "Nossa, como passou rápido!" Você continua folheando e lá está ele, com 7 anos de idade. Ao lado da fotografia, soprando as velinhas do bolo de aniversário, há um bilhete, com um erro de português muito simpático: "Mamãe, eu te amo. Você é a minha heróia". Ai, que saudade que dá. Seus olhos se enchem de lágrimas.

Recostada no sofá, você sente falta do tempo em que faziam companhia um para o outro. "Mamãe, vem ver meu caminhão de bombeiro?" "Vem brincar comigo?" "Deixa eu ir com você?" Por qualquer coisa, ele vinha te abraçar. Era muito bom e você gostava de ser essa pessoa que ele achava tão legal e de quem não queria se separar. Então o álbum acaba e você vê que seu filho não está mais na sala. Aliás, ele quase nunca fica na sala com você. Onde ele foi parar?

É sobre isso que precisamos conversar. Eu sei que você sente falta dele. E, cá entre nós, também sente falta de ser aquela "heróia". Mas a imagem que ele tinha de você não pode mais ser a mesma, pois já não é uma criança. Dói, mas você precisa se desapegar dessa imagem.

A imagem idealizada que as crianças fazem de seus pais (geralmente como ídolos ou heróis) está intimamente relacionada ao corpo, à psique e aos papéis sociais infantis. Na adolescência, o corpo, a psique e os papéis mudam, portanto, é natural que os jovens comecem a questionar e a desconstruir seus pais. Nesse sentido, "negar" os pais é também "negar", de certa forma, o corpo infantil, aceitar-se e construir-se como um adolescente.

Certo grau de crítica e rebeldia é saudável, pois representa uma estratégia da psique nessa desconstrução dos pais idealizados da infância. Na pré-adolescência, as antigas imagens materna e paterna entram em confronto com novas informações para dar lugar a um retrato mais coerente à psique adulta em formação. Da mesma forma, os processos psicológicos básicos de identificação, introjeção, projeção e dissociação realizados na infância serão revistos e reformulados. Segundo Moreno, isso acontecerá por meio da indiferenciação, diferenciação, triangulação e circularização.

É por isso que, na adolescência, a opinião dos pais não é mais acatada tão facilmente. Também já não é a única que importa, pois a vivência de circularização com o grupo traz novos papéis a desempenhar, novos pesos e medidas. Em busca de uma identidade independente, o adolescente pode questionar as normas da casa, o julgamento dos pais sobre as melhores companhias com quem andar, não necessariamente porque discorde, mas porque sente a necessidade de se diferenciar, de estabelecer o próprio espaço, não mais atrelado às escolhas e opiniões da família. Numa sessão conjunta com a mãe, ouvi de uma jovem: "Eu não sou você e nem você é eu, mãe. Eu escolho as minhas amigas".

Os pais precisam estar muito atentos para identificar que tipo de comportamento é natural da fase e que tipo de atitude representa desrespeito preocupante aos limites (falaremos mais disso no capítulo três). Desde que não rompam a fronteira do respeito, os questionamentos são naturais. Provam que o adolescente está em busca de parâmetros próprios, exercendo seu direito de tornar-se um indivíduo crítico e com vontades próprias.

Desacostumados a serem questionados, alguns pais têm dificuldade em lidar com a adolescência, pois sentem que perdem poder nessa fase da vida de seus filhos. Antes, eles participavam intensamente da vida familiar e agora já não têm o mesmo interesse nas atividades dos pais. É como se o papel de pai e mãe fosse temporariamente desvalorizado, esvaziado, gerando angústia. Lembro-me da reação desconsolada de uma mãe diante do filho de 14 anos que falou, aos gritos, que o churrasco da família era um programa de velho. "Mas ele sempre gostou!", ela dizia.

É importante que os pais entendam que a adolescência traz a necessidade de um novo equilíbrio, mas isso não quer dizer, de forma alguma, que perderam sua importância ou que devem abrir mão de acompanhar a vida de seus filhos. A adolescência é um período essencial para a formação de valores e, nesse sentido, é fundamental que os pais estejam próximos e abertos a construir, com eles, a base para uma vida saudável.

Mas como fazer isso, Mariangela, se meu filho não quer nem me ouvir?

Já pensou em se aproximar dele de outra forma? Menos autoritária e mais participativa? Outra pergunta importante: existe espaço para o acolhimento quando ele tenta contar alguma coisa? Às vezes, com a melhor das intenções, os pais podem bloquear a comunicação. Já cansei de presenciar cenas familiares em que, aos gritos, os pais tentam fazer os filhos submeterem-se às suas opiniões. Realmente não funciona. O adolescente pode, até mesmo, chegar à conclusão de que gritando conseguirá alguma coisa. Não é isso que você quer ensinar, certo?

Da próxima vez que ele criticar ou desafiar as normas, respire fundo. Se precisar, lembre-se da foto do álbum. A imagem de um bebê bochechudo acalma qualquer um, não é mesmo? Então, tenha em mente que ele está crescendo e precisa de compreensão. E não é com critérios de adulto que se pode compreender um adolescente. O entendimento deve ser buscado a partir das vivências dele. Ouça o que ele diz, sem minimizar ou exagerar o que fala. Não fique de fora como simples ouvinte, observador curioso ou crítico de suas vivências. Participe quando for solicitado (lembra-se da história do meu filho e seus amigos?).

Seja elástico e paciente, porém com limites firmes. Se você perceber que está sendo muito rígida/o procure ajuda, para que o adolescente não se retraia e haja espaço para a conversa. A rigidez pode ser uma defesa sua, uma reação de medo e insegurança em relação à fase de vida de seu filho. Não se culpe, isso é natural e faz parte do processo. Não conheço nenhum pai ou mãe de adolescente que fique completamente confortável frente às turbulências dessa fase.

O fato é que crianças e adolescentes têm necessidades diferentes, portanto o cuidado por parte dos pais deve se adaptar a cada fase do desenvolvimento. Os adolescentes não devem ser tratados como na infância, pois isso atrapalharia sua busca por autonomia e independência. Quando pai e mãe interferem em suas decisões o tempo inteiro, fazendo escolhas pelo adolescente e o protegendo de qualquer possibilidade de que algo saia errado em sua vida, o resultado pode ser desastroso: um jovem que não sabe decidir nem se autoproteger.

Certa vez recebi um caso de uma menina com problema sério de obesidade. Logo nas primeiras sessões pude perceber a rigidez do pai, que não podia sequer admitir a hipótese de que ela tivesse qualquer atração física por um garoto. Ele tentava mantê-la afastada da convivência com os amigos e "sexo" era um palavrão horroroso, jamais pronunciado dentro de casa, em pleno século XXI. O risco que essa menina corria – sem nenhuma informação sobre o tema – era o de ignorar a rigidez do pai, lançar-se a uma conduta sexual irresponsável, podendo até chegar a uma gravidez indesejada e precoce. Lembro que esse dizia não admitir que a filha fechasse a porta do quarto e, como não era obedecido, resolveu arrancá-la. Como se na escola não houvesse convivência social. Isso não é cuidar e muito menos proteger, isso é a própria repressão, e não precisei de muito tempo para entender o motivo da obesidade. Ensinar responsabilidade é preparar o filho para responder com habilidade às questões da vida.

A angústia de ser

Na adolescência, os rastros do corpo infantil vão sendo apagados, dia após dia. Meninos e meninas, apesar de nem sempre falarem abertamente a respeito, têm medo de serem anormais ou diferentes de seus colegas de grupo. Algumas partes do corpo crescem mais do que outras, fazendo com que se sintam estabanados, feios e desengonçados. A acne pode surgir no rosto, mostrando de forma ainda mais evidente que já não são crianças. Durante esse processo, eles precisam aprender a se apropriar das novas dimensões físicas, buscando novas posturas. O corpo surge como uma fonte de prazer e angústia.

A higiene se torna fundamental, mas, muitas vezes, não gostam de tomar banho para não entrar em contato com o corpo que eles estão achando feio, diferente.

O prazer é fruto da descoberta de outro tipo de sexualidade: a genitalizada, que requer a participação do outro, seja por meio da imaginação, seja pelo encontro. A angústia, por sua vez, é um processo natural que acontece enquanto o adolescente elabora, vivencia e internaliza as modificações corporais e psíquicas comuns à adolescência.

Um adolescente que sofre muito com a perda do corpo da infância, por exemplo, pode deslocar essa angústia para o ambiente, isolando-se do contato com os familiares. É aquele típico adolescente que vive trancado no quarto, jogando videogame ou no computador, conversando por aplicativos ou simplesmente se masturbando. Essa pode ser uma saída para lidar com a questão, como se buscasse espaço físico para, de forma privada, sentir o próprio corpo sem o olhar concreto do outro. Talvez ele precise apenas de espaço físico e psíquico para elaborar as questões internas que o afligem. Sozinhos eles dançam, penteiam os cabelos de um jeito e de outro, as meninas se maquiam, os meninos fazem a barba quase sem necessidade, fazem várias *selfies* e passam horas olhando as dos colegas...

A relação dos pais com o corpo do filho também deve mudar. Na adolescência, a explosão hormonal e a confusão psíquica geram uma ansiedade natural, por isso atitudes inocentes como dar "selinhos" (nem na infância, que dirá agora, mais velhos) ou tomar banho juntos já não são mais adequadas entre pais e filhos. Isso, obviamente, não tem a ver com o fato de que haja malícia. É mais uma questão de privacidade em relação a esse novo corpo adolescente, tão cheio de sentimentos e sensações estranhas sobre os quais ele ainda não tem controle. Mães e pais que solicitam muito carinho podem gerar angústia, consciente ou inconsciente, em seus filhos. Sabe aquela fase que os filhos não querem ser beijados nem abraçados?

Outra forma comum de lidar com a angústia é por meio do pensamento. Na adolescência, há o desenvolvimento do processo cognitivo para compensar a capacidade de ação limitada (já que o adolescente ainda depende economicamente dos pais). Teorizar sobre o amor, a liberdade, a religião e as normas sociais é uma forma de viver uma libertação de pensamento e compensar a falta de autonomia física e econômica. Esse refúgio na fantasia e no mundo interno aumenta a onipotência narcísica natural do adolescente (às vezes ele "se acha"), mas também traz muitos aspectos positivos.

Não podemos nos esquecer de quantos movimentos culturais no mundo foram capitaneados por jovens que resolveram repensar a música, por exemplo. Assim surgiu o rock'n'roll, por exemplo. Hoje em dia é muito comum ver nas salas de aulas adolescentes preocupados com questões como política, economia, sustentabilidade e proteção ao planeta. Acompanhei um grupo de jovens cujos membros eram positivamente influenciados por um rapaz que costumava ler muito. Esse adolescente, num florescente processo de intelectualização, levava os outros a pensar, a debater, a expandir seus conhecimentos. Todo grupo ganhava. Isso não é maravilhoso?

Infelizmente, nem sempre os adolescentes lidam de forma saudável com a angústia, por isso pais e educadores devem procurar ajuda especializada se acharem que a conduta de seus filhos ou educandos apresenta algum sinal patológico. Vale lembrar que a desorganização do núcleo do eu, que ocorre na adolescência, pode acarretar desvios de comportamento em egos mais frágeis. Em outros casos, podem acarretar doenças psicossomáticas, comportamento obsessivo-compulsivo, dificuldades de relacionamento, diminuição do rendimento escolar, conflitos de insatisfação afetivo-sexual, uso de drogas, comportamento antissocial, delinquência etc.

Nem precisamos ir tão longe. É comum que o isolamento acentuado do adolescente possa indicar um processo depressivo, sobretudo se ele se tornar muito apático, sem energia para fazer o que quer que seja. Isso pode indicar que o jovem está alimentando suas dificuldades, sem elaborá-las com a ajuda do ambiente. Nesse caso, encaminhá-lo a um psicoterapeuta sem dúvida é o caminho mais adequado. Aliás, fica aqui um conselho muito importante: se você desconfiar que seu filho está deprimido, não espere a fase passar. A depressão é uma doença perigosa e os índices de suicídio na adolescência comprovam isso.

Existem muitas formas de lidar com a angústia e seria impossível elencar todas neste livro. Cada adolescente busca um caminho particular, de acordo com seu desenvolvimento e sua psique. Há os que se isolam e os que falam tudo o que pensam, despejando sobre os que estão ao redor frases grosseiras e desrespeitosas, de forma a disfarçar a angústia interna e a falta de autoestima.

"Eu odeio você!" "Eu não aguento mais viver nessa casa!" Quem nunca ouviu algo parecido? O adolescente pode encarar ou disfarçar a angústia, guardar para si como uma bomba ou projetá-la no outro (também como uma bomba), mas seu comportamento geralmente é muito intenso, carregado de uma energia psíquica que ainda não construiu um caminho para escoar ou se traduzir numa comunicação mais adequada.

O adolescente tolera muito pouco os problemas, por senti-los de forma extrema. Também sente com muita intensidade quando é incapaz de fazer alguma coisa, pois a incapacidade, nessa fase da vida, pode ser sentida como um traço da personalidade e não necessariamente como uma circunstância momentânea. Se para uma menina é importante vencer uma olimpíada de matemática, por exemplo, e ela perde, isso poderá provocar nela uma sensação de fracasso. Se seu grupo de amigos reforçar esse sentimento, ficará ainda mais difícil para ela entender que não é a soma de suas vitórias ou de suas derrotas. Outro exemplo é quando não se pode ter as mesmas coisas dos amigos: o celular mais moderno, o tênis importado... nesse caso, fazer das coisas e do dinheiro parte de sua própria identidade e se achar uma pessoa inferior.

A questão da identificação e de sua construção no adolescente é um ponto bastante delicado, pois a necessidade de pertencer a um grupo faz, muitas vezes, com que ele atrele a própria personalidade a determinadas condutas, o que o coloca em uma posição bastante frágil. Como ainda não exercita muitos papéis sociais – geralmente é filho, aluno e amigo – quando algo dá errado numa dessas instâncias, não sobram muitos papéis nos quais buscar forças. Assim, quando uma amizade se acaba, por exemplo, o adolescente sente como uma perda psíquica muito intensa, podendo, até mesmo, desenvolver sintomas físicos. E quando acaba um namoro, então? Parece que acabou o mundo!

Por outro lado, as vitórias fortalecem seu ego e são vividas com tal força que podem dar ao adolescente a impressão de que é invencível. Cabe aos pais e educadores ficarem atentos aos fracassos e sucessos dos jovens, pois, não raramente, eles produzem uma reação em cadeia, tanto fazendo com que eles se retraiam cada vez mais, num caso, ou desenvolvam certa arrogância, no outro.

É fundamental que o adolescente seja ouvido e apoiado quando fracassa e incentivado quando é bem-sucedido (desde que, nesse caso, não diminua os outros ou se ache melhor). Ele deve aprender com pais e educadores que o sucesso, assim como o fracasso, é fruto do esforço e de várias tentativas, que muitas vezes o mais importante não é o resultado, mas a dedicação durante o processo. Se os pais valorizam apenas o êxito, o adolescente pode desenvolver uma autocrítica severa quando erra, enxergando a experiência ruim não como um passo importante em direção ao acerto, mas como algo que o desvaloriza. Elogiar a tentativa e o processo é uma forma interessante de tirar o foco apenas do resultado, seja bom ou ruim.

Então... vamos falar de sexualidade?

Sim! Mudei o assunto de uma hora para outra justamente para pegar você de surpresa. Se eu tivesse introduzido a temática aos poucos, era capaz que, entre a leitura de uma página e outra, você percebesse a minha intenção – "Ih, ela vai falar sobre sexo..." – e talvez pulasse para o próximo capítulo ou resolvesse deixar para depois. Acontece que não podemos deixar isso acontecer porque, por mais constrangidos que o assunto nos deixe, é preciso encará-lo de frente. Vamos lá, coragem! É muito importante que você reflita sobre sexo para discuti-lo com mais naturalidade com seu filho. Mas, primeiro, vamos falar novamente de você, ok? Vamos lembrar como descobriu sua própria sexualidade.

Você pode não lembrar detalhadamente o que pensava durante a adolescência, mas o fato é que muitos dos valores passados a você por seus pais o ajudaram a construir suas ideias a respeito de sexo e relacionamentos. Como reagiram na primeira vez em que você levou o/a namorado/a em casa? Quais eram as regras a respeito de namoro? Você teve aquela famosa conversa sobre como nascem os bebês (dessa vez sem a cegonha)?

Pois bem, está na hora de pensar em como você vai comunicar algumas informações ao seu filho. Porque eis outro fato: se não tiver disposição para ter essa conversa, certamente ele a terá com os amigos ou buscará informações na internet. Ou ainda, fará sexo precocemente, sem entender exatamente quais as responsabilidades e consequências que o ato envolve. É... acho melhor encarar o desafio!

A necessidade das primeiras experiências sexuais – e aqui estou falando de todo âmbito da sexualidade – é natural da adolescência. Falar de sexualidade não significa falar só de relação sexual. As meninas e os meninos começam a se interessar uns pelos outros. Começa um papo sobre quem é ou não "BV" e "BVL". Não entendeu nada? Eu explico: "BV" é boca virgem, ou seja, quem nunca deu um selinho, e "BVL" é boca virgem de língua, ou seja, só deu selinho e parou por aí. Lembro-me do meu primeiro paquerinha que, depois de um ano de amor platônico, o empurrei e saí correndo quando veio me dar um selinho, numa festa na casa dele. Que pena! (risos)

Então, se seu filho é BV ou BVL, pule esse capítulo. Brincadeira, pode continuar a ler todinho! Eu sei que pode ser meio estranho pensar nisso, mas em breve ele vai deixar de ser os dois, BV e BVL. Possivelmente, surgirão outros terrenos inexplorados na direção dos quais o intrépido adolescente seguirá avançando, pois a idade vem e, entre os 13 aos 18 anos, os aprendizados vão acontecendo. O que você tem a ver com isso? Tudo!

Aliás, vale a pena você tentar se inteirar do vocabulário adolescente. Uma vez, uma mãe leu o diário da filha, numa pasta escondida do computador, e descobriu que ela havia tido uns quatro *crushes* naquele ano. Essa mãe entrou em desespero, pois pensou que os *crushes* eram rapazes que a menina teria beijado ou com quem teria ficado. Na verdade, *crush* é apenas uma pessoa de quem a menina ou o menino está a fim, na maioria das vezes de forma platônica.

Conversei com a mãe e ela suspirou aliviada. Será que se ela dialogasse com a filha precisaria ler o diário dela? Se houvesse diálogo, talvez a adolescente, por livre e espontânea vontade, até explicasse à mãe o que é um *crush*. A mãe certamente não teria perdido noites de sono e talvez descobrisse que a filha podia até gostar de partilhar suas vivências com ela. Talvez elas pudessem falar sobre a mudança da mentalidade ao longo das gerações e das novas condutas de hoje em dia.

Por exemplo: antigamente, beijar vários rapazes sem ficar "malfalada" era uma coisa impossível, mas os jovens hoje encaram beijos eventuais como forma de se conhecer sem estabelecer de cara o compromisso do namoro. Segundo eles, é uma forma mais leve de viver o encontro com o outro e isso não deve ser motivo para os pais ficarem apavorados. Em vez de arrancar os próprios cabelos e dar muitas broncas, mais vale conversar com o adolescente para entender se o beijo é algo natural da experimentação, uma fase, ou se é sintoma de que o jovem tem problemas para estabelecer relacionamentos afetivos mais duradouros. Ou ainda, perceber se sua autoestima está muito baixa. É importante você observar seus filhos e percebê-los em todas as situações, desde criança. Muitas vezes ouço os filhos dizerem que os pais só trabalham e ficam pouco com eles. Esse vazio será preenchido de alguma forma, pode ter certeza. Por isso, repito: preste atenção a seus filhos, eles precisam de você!

A sexualidade é como uma terra mágica, cheia de aventuras e possibilidades, mas uma terra desconhecida e, por isso, assustadora. É ali onde se vivencia o encontro, o relacionamento amoroso, e é na adolescência que aprendemos a namorar e, mais que isso, a fazer as escolhas conjugais que lá na frente serão bem úteis. Se os pais proíbem que o filho vivencie sua sexualidade (sem nem sequer discutir o assunto), podem incutir nesse adolescente a culpa e a ideia de que o sexo é errado, feio e perigoso. Ou ainda, de que é proibido e, por isso, gostoso.

Vamos refletir um pouco: o sexo em si não é perigoso. O que coloca o jovem em perigo são as condutas sexuais precoces e inadequadas. Quais seriam elas? Usar o sexo como moeda de troca para ter amor e aceitação, ter relações afetivas e sexuais com pessoas abusivas, ter vida sexual ativa antes de uma maturidade que lhe permita fazer escolhas. Muitas vezes ouvi adolescentes dizerem que perderam a virgindade porque se sentiam cobrados pelos colegas, porque não queriam ficar para trás. O adolescente só pode entender as responsabilidades e consequências do sexo se puder conversar com alguém que o guie de forma madura no assunto. Esse alguém é você. E só você poderá passar os valores de sua família para seus filhos, dizer o que é certo e errado, abrir espaço para um diálogo franco e ético. É seu dever.

Procure construir um ambiente de confiança mútua com seu filho, de modo que ele se sinta à vontade para procurar sua ajuda e esclarecimento. Não exija ou o pressione para que ele conte as próprias experiências sexuais, isso não é proteger o adolescente, é violar sua privacidade. Se ele contar algo de livre e espontânea vontade, controle o ímpeto de criticar, qualificar ou confrontar o que ele disse com suas próprias vivências. Lembre-se: quanto mais você julgar e se colocar num papel autoritário, mais o adolescente se afastará de você. Não é preciso ser autoritário para ser ouvido. Tudo pode ser dito de forma terna e tranquila.

Reflita também sobre suas reações não verbais. Acredite: às vezes, mesmo sem falar nada, somos traídos pelos nossos gestos. Por exemplo: sua filha começa a contar do namorado e você, inconscientemente, cruza os braços, torce a boca e retrai o corpo. É seu corpo indispondo-se a conversar sobre o assunto. Que tal, na próxima vez que perceber isso, respirar fundo e relaxar os músculos? Você perceberá que uma postura corporal mais aberta será de grande ajuda.

"Mas, Mariangela, tentei falar com meu filho sobre sexo e ele ficou completamente vermelho, morto de vergonha!" Ou: "Mariangela, *eu* morro de vergonha de falar sobre sexo com meu filho. Fico vermelha/o como um pimentão, começo a gaguejar...". Você já pensou em buscar um jeito menos formal de abordar o assunto? Quando estiverem vendo um filme, que trate de relacionamento ou com cenas de sexo, você pode perguntar o que ele achou.

Mas depois, tá? Nada de dar pause e fazer um inquérito no meio do filme! Faça pequenos comentários de forma leve, simples e perceba se seu filho está disposto a conversar.

Preste atenção nos pontos de vista dele, pergunte se ele acha o casal do filme legal e por quê. É uma boa forma de entender o que ele pensa sobre as relações. Nesse sentido, vocês podem assistir a filmes em que se encenem diferentes tipos de relacionamento e também formas diversas de lidar com a sexualidade. Não tenha medo de dar mau exemplo. A conversa fará com que ele pense a respeito do que viu e é fundamental que seu filho desenvolva senso crítico em relação a relacionamentos e ao sexo para poder tomar decisões acertadas por conta própria.

Apenas tome cuidado para não exagerar na dose. Escolher filmes que tenham cenas de sexo muito prolongadas e/ou excitantes podem fazer com que o adolescente fique desconfortável na sua presença. Você também precisa refletir se o conteúdo do filme é adequado à idade e à maturidade de seu filho. Uma mulher me contou que a mãe dela a colocou para assistir, aos 11 anos de idade, ao filme *Kids*. É uma história muito pesada, em que uma menina se contamina com o vírus HIV na primeira relação sexual. Na época, a adolescente ainda nem tinha dado seu primeiro beijo! A mãe a deixou assistindo e, ao final, ainda lhe disse: "Está vendo? É isso que pode acontecer com você". Nem preciso dizer que a menina ficou traumatizada, não é? Até hoje, já adulta, ela se lembra do episódio.

Vocês podem assistir a filmes polêmicos, desde que o adolescente tenha idade para compreender e você saiba trocar ideias sem apelar para a intimidação, como fez a mãe do caso que acabei de contar. *Aos treze*, por exemplo, conta a história de uma adolescente que conhece o mundo das drogas e o sexo irresponsável, além de mostrar o quanto isso pode ser destrutivo. Em vez de dizer "tome cuidado, a menina quase acabou com a vida dela" e outras afirmativas do gênero, pergunte ao adolescente o que ele faria se estivesse no lugar do personagem, o que achou do final do filme etc. Perguntas são mais interessantes, do ponto de vista educativo, do que afirmações categóricas. Por meio delas, você ensina seu filho a pensar criticamente.

Na escola, costumo fazer sociodramas que abordem todo e qualquer tema da adolescência e é incrível como eles trazem assuntos polêmicos, sobre os quais podemos conversar livremente. Certa vez, numa sala de nono ano, do Ensino Fundamental II, surgiu uma pergunta extremamente constrangedora. Prosseguindo o diálogo, pude entender que não sabiam como lidar com tantos desencontros, então ficavam todos entre si, para que pudessem satisfazer suas vontades. Aí sugeri que assistissem a uma peça de teatro, direção do Juca de Oliveira, *Qualquer gato vira-lata tem uma vida sexual mais sadia que a nossa*, que mostra que, quando alguém não nos quer, devemos aceitar e seguir adiante. Ficar com várias pessoas ao mesmo tempo é tornar o corpo descartável e banalizado, e isso tem nome chulo, que não preciso citar aqui.

Outro filme muito interessante é *Houve uma vez dois verões*. Mostra uma intensa paixão entre um casal de adolescentes e abre espaço para se falar também de sonhos e expectativas nos relacionamentos. Você pode sugerir ao seu filho que ele chame os amigos para assistirem juntos em casa. É possível que, naturalmente, os jovens comecem a falar do filme e, assim, você terá uma boa noção do que o tema significa, não só para o seu filho, mas também para o grupo ao qual ele pertence. Só faça comentários se sentir que existe espaço para isso por parte do grupo. Do contrário, espere os amigos irem embora para então conversarem a sós, respeitando assim o seu filho.

Se mesmo com essas dicas você ainda estiver insegura/o para falar sobre sexualidade, pode ser que precise de uma mediação. Já pensou em sugerir à coordenação da escola a visita de um profissional que possa orientar os pais? Outra boa ideia é colocar esse profissional também em contato com os próprios jovens. Eu costumo me reunir com as turmas para falarmos do assunto tanto na escola como em grupos no consultório, e é muito bacana. Como alguns adolescentes são tímidos, uma boa estratégia é a das perguntas anônimas. Eles colocam suas dúvidas numa caixa e vou conversando e respondendo, sem que precisem se expor na frente dos amigos. Funciona muito bem! É pergunta que não acaba mais... Outra forma eficaz é fazer sociodramas com os alunos, pois através das cenas eles criam coragem para conversas bem terapêuticas. A escola é um ambiente que propicia muito esses diálogos.

Pode ser bastante assustador ouvir o adolescente falar vulgarmente sobre sexo com os amigos. Uma vez, uma mãe me disse que tinha ficado chocada ao ouvir o filho usar palavras obscenas a respeito da vagina. Nesse momento é preciso ter calma e olhar a situação de forma mais contextualizada. Na adolescência, o jovem ainda se sente muito inseguro em relação à própria sexualidade. Muitas vezes, a forma de ele lidar com isso é demonstrar uma falsa autoconfiança diante dos amigos. Isso acontece tanto com rapazes quanto com moças. Vem daí a história de contar, com palavras às vezes vulgares, as próprias experiências sexuais.

Recentemente, trabalhando com um grupo de rapazes, aconteceu algo parecido. Pedi que escrevessem histórias, contando um encontro com alguém que achassem interessante. Os textos tinham certa conotação pornográfica, mas demonstravam o vocabulário que os jovens achavam adequado para expressar seus desejos e diziam o que queriam das meninas. Escrevemos as palavras usadas em uma lousa, muitas delas repetidas. Em certo ponto da conversa, perguntei: "Vocês sabem o que as meninas querem ou gostam?". Foi uma pergunta simples, para fazê-los pensar que as mulheres não são objetos de uso e prazer. Tenho certeza que esse machismo já está um pouco diluído, mas infelizmente ainda existe.

Quando a pornografia mostra a relação sexual de uma forma automatizada e objetificada é natural que os jovens partam desses parâmetros para pensar nas próprias experiências. Nesse sentido, os educadores têm uma função importantíssima: esclarecer que sexo não é apenas obter prazer para si, mas também estar atento ao outro, levando em consideração seus desejos e sentimentos. Nunca devemos fazer com o outro o que não queremos para nós.

Isso é muito importante, pois, historicamente e durante muito tempo, a mulher foi criada para reproduzir e dar prazer ao marido. Talvez isso tenha acontecido com sua avó, por exemplo. A dimensão da sexualidade feminina ficou relegada ao outro, esquecida, desvalorizada. A educação tem um papel essencial em reverter esse quadro, pois é na adolescência que se constrói a relação com o outro e com o próprio corpo.

É bom que se discuta nas conversas em família e na escola também sobre o que a mídia tem feito, pois o excesso de erotização da imagem da mulher, e por vezes do homem, acaba por vulgarizar a própria imagem do ser humano. Moreno diz que o ser humano é uma centelha divina e eu concordo plenamente com isso.

A intimidade e a privacidade também são outros pontos essenciais da conversa. Uma paciente tirava *selfies* mostrando o corpo e as mandava pela internet para os colegas. Fazia isso para agradar e ser desejada e nunca se questionou porque não bastava guardar as *selfies* para si, como forma saudável de autoconhecimento. Essa menina estava atrelando a imagem corporal à aprovação do outro, ao cumprimento de determinados padrões eróticos. Talvez ela até visse vídeos pornográficos para imitar a reação das atrizes, pensando que apenas assim seria desejada. Essas conclusões, que parecem óbvias para nós, adultos, podem ser bastante nebulosas para os adolescentes. Por essas e outras é que digo aos pais: observem seus filhos, estejam presentes.

Voltando ao caso da menina que mandava fotos para os colegas, há ainda outra questão muito séria: ela não se dava conta de que as imagens poderiam ser compartilhadas, expondo sua intimidade. Precisamos pensar que, hoje em dia, os adolescentes estão acostumados a exibir praticamente tudo o que fazem nas redes sociais ("big brother"), algo que não acontecia na época de seus pais. O que pode ser público? O que deve ser apenas privado? Como o jovem está em plena formação de valores a respeito da vida e de si mesmo, essa questão pode ficar muito confusa, a ponto de ele apenas copiar o que outras pessoas fazem, sem refletir a respeito. Há, além disso, o peso da imagem no mundo de hoje. Parece que não basta viver um amor ou a sexualidade, por exemplo. É preciso postar para provar que viveu, para que os outros vejam, para ser "curtido" ou para chocar o mundo.

O adolescente busca aprovação externa porque, na maioria das vezes, ele não se aprova internamente. Postar uma foto de uma festa, por exemplo, pode não ter grandes consequências, mas se começa a procurar a aprovação alheia a todo momento, a ponto de depender dela para se sentir bem, é possível que venha a ter problemas. Uma coisa é compartilhar com alguns amigos os bons momentos da vida. Outra é se colocar numa posição perigosa, em que possa virar isca de pessoas mal-intencionadas. E, mais, vítimas de uma vida infeliz.

Quando uma moça ou um rapaz manda "nudes", não tem controle sobre onde essas fotos podem ir parar. Também corre o risco de chegar a pessoas estranhas, mais velhas e abusivas. Se isso acontecer com seu filho, pergunte a ele porque agiu dessa forma. Escute-o. Depois, fale sobre a preservação do próprio corpo e da intimidade. O corpo não é um objeto para a apreciação de qualquer um, mas pertence à vida privada do ser, pois é com ele que construímos laços e vivemos experiências. Responsabilizar-se pelo próprio corpo é também valorizá-lo, pensar a respeito de sua importância e de seu papel.

O jovem aprenderá isso não apenas com o discurso, mas também por meio do exemplo. Agora, eu pergunto a você: que relação você tem com seu corpo? E com o do outro? Conheço mulheres adultas que se vestem como adolescentes. Certa vez atendi uma mãe que se sentia tão aficionada pelo culto ao corpo que, naturalmente, passava esses valores aos filhos. Se o adolescente entender que o valor do corpo está em expô-lo, é isso o que ele fará. Se ele compreender que só será valorizado se tiver o corpo perfeito, ele ficará mais propenso a desenvolver distúrbios alimentares ou a recorrer a esteroides anabolizantes.

Precisamos entender que o corpo está sendo mercantilizado. Tem sido tratado como uma mercadoria a ser exibida nas ruas e nas redes sociais, como se nós, seres humanos, fôssemos essencialmente nossa aparência. O corpo é bem mais que isso. Já parou para pensar que ele é a nossa casa? Sim, devemos cuidar para termos saúde, de forma ampla, e não apenas seguir determinados padrões estéticos. A vida é muito sábia nesse sentido: ela nos faz envelhecer e perder a beleza da juventude para compreendermos que existem valores mais importantes e perenes.

Também não devemos perder de vista que os padrões de beleza são construídos cultural, social e economicamente. A arte nos mostra, inclusive, que eles mudam com o passar do tempo. Que tal a imagem da Vênus paleolítica, a escultura de uma mulher rechonchuda, considerada o modelo de beleza feminino há 28 mil anos pelos homens das cavernas? Se não quiser ir tão longe, podemos pensar na Vênus do artista italiano Botticelli, do ano 1485. Pois é, a moça de barriguinha saliente também era o suprassumo da beleza em sua época. É importante mostrar esse tipo de relativização aos adolescentes, que costumam ter opiniões muito rígidas a respeito da própria imagem. Eles podem ter dificuldade para entender que existem vários tipos de beleza e que ser bonito é apenas uma característica entre tantas.

Outra questão a que é preciso estar atento é a dos pais e mães divorciados, que começam a namorar e parecem virar adolescentes apaixonados. Muitos até esquecem que têm filhos e os abandonam em certos momentos importantes para eles. Há pouco tempo um jovem de 13 anos desabafou comigo que seus pais eram separados, mas viviam na mesma casa e, aos sábados, cada um saía para namorar seu respectivo parceiro. Confesso que senti sua fala muito triste.

As más companhias

É normal achar que os filhos se desencaminham por causa das companhias, e, sim, há certa verdade nisso. Mas, muitas vezes, eles têm responsabilidade pelas próprias condutas, ou, caso não tenham, no mínimo estão sendo coniventes ou se deixando influenciar. É importante que aprendam, com autonomia, a evitar aquilo que é errado e faz mal.

Vamos dar um passo atrás. Você confia na educação que dá a seu filho? Ou ele tem comportamentos que mostram que alguma coisa pode estar errada de fato? As notas ruins são passageiras ou o rendimento caiu desde que começou a namorar? Tudo isso é material para conversa, mas culpar as pessoas de quem ele gosta é um péssimo caminho. Possivelmente, ele defenderá os amigos com unhas e dentes e, se a tal má companhia for o/a namorado/a, os dois se unirão contra você como se fossem Romeu e Julieta. Você não quer ser o vilão da história, certo?

Busque discernimento para separar o ciúme e a insegurança dos perigos reais que uma má companhia pode causar. Aproxime-se dos pais dos amigos e do/a namorado/a para entender os valores da família e também os exemplos que dão em casa. Alie-se a esses pais. Aproxime-se do/a namorado/a e dos amigos – mas sem invadir o espaço dos jovens e/ou segurar vela, por favor! Sobretudo, aceite as descobertas e novidades da sexualidade como um processo natural da vida. Você passou por isso, eu passei, todo mundo passa. Fique por perto, mas lembre-se: você é mãe e não dona das suas crias.

Há pouco tempo atendi os pais de um jovem que descobriram que os amigos dele usavam maconha e vieram apavorados buscar orientação. Sugeri ao pai conversar com os meninos todos juntos. Foi muito interessante o resultado, pois dois deles, que não deixariam o caminho das drogas, se distanciaram e o filho se afastou da situação de perigo.

Falando sobre gênero

"Mariangela, eu tenho um problema ainda maior. A amiga da minha filha adolescente simplesmente cortou o cabelo e agora diz que é menino. Tenho medo de ela influenciar minha filha. O que eu faço?" Eis um tema difícil, mas extremamente importante. Trata-se da questão de gênero e, antes, é importante fazermos uma distinção essencial.

O sexo biológico refere-se à combinação dos cromossomos com a genitália. Dentro dessa perspectiva, a pessoa nasce menino ou menina, por exemplo. Há também o caso dos intersexuais, que têm características biológicas de ambos os sexos. A identidade de gênero, por sua vez, refere-se ao sexo com o qual a pessoa se identifica, pois há quem nasça biologicamente homem e se sinta psiquicamente mulher e vice-versa. Por fim, a orientação sexual é a inclinação da pessoa no sentido afetivo, amoroso e sexual, ou seja, se é heterossexual, homossexual ou bissexual

– e aqui colocaremos apenas essas categorias como título de exemplo, pois, na verdade, existem outras ainda!

Apesar de toda essa distinção remeter a estudos das Ciências Sociais nos anos 1970, apenas recentemente essas noções saíram do âmbito acadêmico e ganharam espaço para discussão nas ruas, nas casas e nas salas de aula brasileiras. Preocupados, os pais não sabem como reagir, se aceitam ou não, pois até algum tempo atrás, palavras como "transgênero" não faziam parte do vocabulário comum. Na verdade, nem se falava em identidade de gênero. Se a pessoa nascia com determinado sexo biológico, ela o exerceria e pronto. O transexual, que é a pessoa que nasce com um sexo biológico, mas se identifica com outro, sempre foi encarado como uma aberração.

O objetivo deste livro não é dar uma fórmula pronta para pais e educadores lidarem com a questão de gênero. É um assunto delicado, permeado pelas referências culturais, sociais e religiosas de cada um. O importante é não se fechar para o assunto. Também não adianta discuti-lo de forma superficial. Antes, é preciso estudar, entender por que alguns teóricos fizeram a distinção entre sexo biológico e identidade de gênero e por que isso, mais que teoria, é uma realidade na vida de milhares de crianças e adolescentes, que nascem com um sexo, mas não se sentem identificados com ele. Digo novamente aos pais: observem seus filhos, não deixem assuntos delicados de lado. Se não souberem como lidar com determinada situação, procurem ajuda de profissionais competentes.

Devemos entender e aceitar? Por que alguém que nasce com um sexo, mas se identifica com outro, seria necessariamente uma má influência para nossos filhos? Se uma pessoa nasce com um sexo, mas quer exercer uma identidade de gênero diversa da biológica, o que isso tem a ver com seu caráter e seu potencial como ser humano? Nossos temores fazem sentido ou apenas expressam a dificuldade em lidar com aquilo que desconhecemos? Qual o impacto de ser contra o estudo da questão de gênero nas escolas? Será mesmo que, ao não discutir o assunto, se pode fingir que ele não existe? E o que faremos se nosso filho se revelar um transexual? Será que não o aceitar fará com que ele se adapte ao sexo com o qual nasceu ou apenas causará mais sofrimento psíquico?

Essas perguntas são apenas algumas balizas para refletir a respeito. Cuidado para não tirar conclusões precipitadas. Só o estudo profundo e o diálogo, aliado a um exame minucioso dos valores íntimos de cada um, podem mostrar o caminho. O papel das escolas é apresentar todas as informações disponíveis. O dos pais é refletir a respeito para estabelecer sua postura na educação de seus filhos, de forma que eles se tornem pessoas íntegras e respeitosas em relação a si e aos outros. E, mais que isso, observar as relações dentro de casa, pois as dinâmicas familiares são responsáveis por muitos dos caminhos seguidos por nossos filhos. Você sabia que depreciar a imagem do pai ou da mãe junto ao filho pode fazer muito mal para sua estrutura psíquica e emocional? É muito importante buscar orientação com profissionais.

2. As dinâmicas familiares e o desenvolvimento do adolescente

O célebre escritor Tolstói, no clássico livro *Anna Karenina*, diz que todas as famílias felizes se parecem, mas as famílias infelizes o são, cada uma, à sua maneira. "Nossa, Mariangela, mas a minha família é ótima, que papo é esse?" É um papo reto, para usar a gíria dos adolescentes. Eu não quero dizer que sua família é infeliz, não é isso. Essa frase é apenas um ponto de partida para a reflexão que precisamos fazer. Você já parou para pensar que cada família tem uma dinâmica própria, certo jeito de se relacionar, de se referir ao outro e de colocá-lo em contato (ou não) com questões essenciais ao seu desenvolvimento.

Um pouco confuso, não é? Calma que eu explico. A gente costuma se relacionar sem pensar muito nisso, convive e pronto, simples assim. Fazemos o que podemos na correria do dia a dia e, muitas vezes, usamos nossos instintos sem refletir a respeito deles na hora de educar nossos filhos adolescentes. Só que eu vou contar um segredo: a forma com que a gente se relaciona com os adolescentes pode ajudar ou atrapalhar (e muito) seu desenvolvimento. Portanto, já temos uma primeira lição de casa no Clube dos Pais Desesperados: é preciso prestar atenção em como sua família está convivendo.

Eu sei, é difícil. Principalmente porque, quando estamos envolvidos num relacionamento, não há como distanciar-se e fazer uma avaliação objetiva. Toda nossa bagagem está ali, o que aprendemos com nossos pais, os medos, o anseio de proteger... E, na convivência com o adolescente, tudo isso pode ficar muito à flor da pele, pois, nessa fase, os filhos tendem a nos tirar da zona de conforto. Ainda que não seja uma tarefa fácil, quero que seja corajoso e se empenhe em compreender como vocês se relacionam. Preste atenção às frases que diz a seu filho e, sobretudo, nas atitudes que tem quando ele busca mais liberdade e autonomia. Faça um diário, se for o caso. Aliás, ótima ideia! Vamos dar a esse diário um nome? Que tal "Diário do autoconhecimento"?

Depois de uma semana anotando frases, sentimentos a respeito de situações e atitudes no dia a dia com seu filho, leia com atenção o que escreveu. Se pai e mãe embarcarem nesse desafio juntos será ainda melhor, afinal, educação é tarefa de ambos! Então, após lerem sozinhos e depois juntos, tentem perceber se não há frases e atitudes parecidas com as de seus pais. Será que quando você era adolescente, eles, vez ou outra, não afirmavam "Aqui mando eu" ou outras falas do gênero, que aparecem nesse diário? Por sinal, os jovens não aceitam mais frases como "Cale a boca" ou "Quem manda aqui sou eu", nem em casa, nem na escola. E as atitudes, são parecidas?

Se isso acontecer, talvez você esteja replicando um modelo e, nesse caso, é preciso pensar: sua infância e adolescência ocorreram em outra época, possivelmente com valores sociais e culturais um pouco diferentes dos atuais. A relação que seus pais estabeleceram com você provavelmente também veio carregada da bagagem da educação que tiveram. Agora proponho o seguinte questionamento: se você é uma pessoa diferente de seus pais e seus filhos não são você, por que repetir o modelo de educação de sua família de origem? Será que ele de fato é o mais adequado ao desenvolvimento de seus filhos?

Não se chateie no caso de perceber que vem repetindo, sem querer, determinados estilos de educação e relacionamento. É a coisa mais normal que existe! Somos afetados, o tempo inteiro, por conteúdos inconscientes, e a única forma de escapar dos padrões de comportamento é acessá-los e descobrir sua influência em nossa vida. Perceber o padrão é um ótimo primeiro passo! Fez isso? Então está na hora da segunda parte do exercício.

Pense no que há de bom e ruim nesse modelo e comece a identificar o que funciona ou não na sua forma de se relacionar e educar. Por exemplo: você critica o adolescente, ele se retrai e vocês passam dias sem conversar? Talvez seja melhor aprender a se comunicar de outra forma. A crítica, vale lembrar, não é o único caminho para expor um ponto de vista. Quando somos criticados, naturalmente adotamos uma postura defensiva. Acontece o mesmo com nossos adolescentes.

Eu sempre digo que bons pais têm algo em comum: eles querem o bem de seus filhos. A parte complicada é que apenas querer o bem não basta. Você precisa se perguntar "que bem?", "por quê?", "para quem?". Essa reflexão deve ser feita de forma absolutamente sincera em cada atitude que tomar. Você queria o bem do seu filho e, por isso, o proibiu de ir a uma festa. Isso de fato é bom para ele? Qual a justificativa para a proibição? Ela é de fato necessária ou você só tem medo que aconteça alguma coisa e, por isso, prefere mantê-lo em casa? Às vezes, a gente também age em prol do nosso próprio conforto, para não confrontar nossas próprias angústias. Então justificamos aos nossos filhos que é "para o seu próprio bem" e vamos repetindo durante toda a educação. Mas é mesmo?

Ao longo da minha experiência como psicóloga, tenho percebido que o entrave maior na educação de adolescentes é a comunicação. Quando digo isso, não me refiro apenas ao que se fala e como se fala, mas, sobretudo, à reflexão sobre o que é falado. Quando dizemos algo, não importa apenas a mensagem que comunicamos. O conteúdo também diz muito sobre quem fala, sobre como essa pessoa se coloca em relação ao outro. Diz até se ela está aberta a opiniões, valores e conceitos do interlocutor. Assim, só é possível mudar parâmetros ruins de relacionamento se a pessoa entender o que há por trás de suas próprias palavras e atitudes. É aquele velho aforismo grego: "Conhece-te a ti mesmo". Educar adolescentes é uma excelente oportunidade para isso!

Então, voltemos ao diário. O que você acha que ele diz sobre você? Que tal pedir a seu/sua parceiro/a, se houver, para desenvolverem juntos algumas hipóteses – mas sem brigar, hein? Se estiver(em) fazendo algum tipo de terapia, melhor ainda! Um profissional qualificado é um ótimo aliado para desvendar quem é você como pai ou mãe e o que pode, de repente, estar trazendo da sua própria infância e adolescência. É claro que essa minha sugestão é um simples exercício. Nem de longe ele tem a eficácia de uma terapia e, se você vem tendo problemas sérios com seu adolescente, talvez deva considerar uma orientação profissional.

"Ufa, Mariangela, analisei o diário e descobri que não estou copiando meus pais. Meu modelo de relacionamento e educação é completamente diferente! Passei no exercício?" Ainda assim, você deve analisar suas palavras e atitudes. Às vezes, querendo fugir da educação que tivemos, podemos ir para o outro extremo. Além disso, vale pensar também em outra hipótese: ok, você não está educando e se relacionando com seu filho a partir de padrões de comportamento automáticos, mas isso não quer necessariamente dizer que o modelo que estabeleceu por conta própria funcione. Depende dos temperamentos da mãe, do pai, de cada filho e de outras pessoas que morem na casa ou que participem da educação dos adolescentes. Isso tudo pode gerar uma dinâmica que afeta diretamente cada filho. Inclusive, o jeito como um casal convive dentro do lar pode afetar diretamente a dinâmica com os filhos.

Portanto, o que eu quis com o exercício foi despertar você para a autorreflexão, antes de apresentá-lo às dinâmicas familiares mais comuns e seus impactos na educação dos adolescentes. É possível que você se reconheça nas famílias que descreverei a seguir, talvez até com mais de uma! Tome cuidado para não ativar o mecanismo de defesa, rejeitando atitudes e condutas que sejam difíceis de admitir que tenha. Peço que confie em mim e faça um autoexame bem caprichado. Pense o seguinte: ninguém acerta ou erra o tempo inteiro, e tudo bem. Quando pai ou mãe erra, geralmente o faz com a intenção de acertar. Se você está lendo esse livro é porque leva muito a sério o seu papel de pai ou de mãe. Se juntarmos isso a algumas reflexões sobre as dinâmicas familiares, é possível que a convivência com seus filhos mude da água para o vinho. Acredite, eu vi isso acontecer muitas vezes.

A família infantilista

Ser mãe e pai de criança é uma coisa maravilhosa e, não à toa, muitos adorariam que seus filhos não crescessem. É aquela história que contei lá atrás: tudo era mais fácil, o menino ou a menina ia para onde você fosse (e gostava), não existia a reclamação intensa que às vezes vem com a adolescência, portanto tudo era mais simples e calmo. E quando era bebê, então? Apesar das noites sem dormir, vocês (sobretudo no caso da mãe) eram quase como um só, famoso vínculo simbiótico que expliquei anteriormente.

Então a criança começa a crescer e cada fase de seu desenvolvimento representa uma perda para o papel de mãe e de pai. Se antes você tinha o controle da alimentação, por exemplo, agora ela pode escolher por conta própria o lanche na escola. Você, que era o grande administrador de todos os aspectos da vida de seu filho, se vê com cada vez menos funções e pode bater um desespero, afinal, quanto mais o tempo passa, mais temos a percepção de que já não somos mais *tão* necessários. Calma, vou dar uma notícia boa: apesar de terem menos funções com o passar dos anos, os pais nunca perdem a sua importância. O que acontece é que passamos a ser necessários de outra forma e talvez você precise repensar suas tarefas, agora que seu filho virou adolescente.

A família infantilista tem muita dificuldade para aceitar cada fase evolutiva da criança em direção à autonomia, liberdade e independência. Muitas vezes, isso não é uma postura consciente, do tipo "não quero que meu filho cresça". Pode ser uma postura que fica como um pano de fundo e que se materializa na forma de tratar a criança, ou seja, na própria dinâmica familiar.

Por exemplo: atendi uma menina de 16 anos, cuja mãe a protegia de tudo e acompanhava cada passo que dava. A adolescente possuía um aplicativo de rastreamento no celular e, ainda assim, a mãe ligava para os telefones de onde ela estivesse para se certificar de que a moça não estava mentindo. A mensagem que essa mãe passava era de que a adolescente não era digna de confiança e precisava ser vigiada o tempo inteiro, como uma criança de 3 anos. Essa mãe não dava muito espaço para a filha, requisitando constantemente sua companhia. Além disso, resolvia tudo por ela, como se a moça não tivesse capacidade para tomar decisões sozinha. Houve até um episódio curioso: certa vez, ela me ligou para perguntar se haveria problema de a filha faltar a uma de nossas sessões. Disse: "Por que você não pergunta para ela?" Lembro que a jovem disse que não gostaria de faltar à sessão e ao chegar contou que a família havia adiado o horário de sair para viajar.

Não há nada mais perigoso, aliás, do que criar adolescentes sem voz, que não têm espaço para se colocar de forma ativa nas relações. Sem saber como se colocar nos relacionamentos, os jovens correm o risco de ser manipulados e abusados emocionalmente, e esse comportamento às vezes se estende à vida adulta. Quando os pais infantilizam seus filhos, pensando que os estão protegendo, na verdade estão dificultando o desenvolvimento integral daquele ser humano. Quando somos desconfirmados e desqualificados, nos sentimos esquizofrenizados.

Mas, voltemos ao caso: a adolescente vivia irritada e brigava muito com a mãe. Quando buscava autonomia e liberdade, a mãe negava, pois sentia seu papel sendo diminuído por essas demandas. Precisa ser assim? Vamos olhar para essa mãe. Qual o peso da maternidade em sua vida? O quanto da sua identidade depende do fato de ser mãe e o quanto da vida tem sido dedicado a essa tarefa?

Viver de forma saudável é uma questão de equilíbrio. Precisamos desenvolver todos os nossos papéis sociais e não só os de mãe e de pai. Eu costumo dizer que existem quatro campos importantes nos quais precisamos evoluir: família, estudo/trabalho, amigos e amor. Se você coloca o foco em apenas um deles, prejudica a si e a quem está relacionado àquele papel. É uma receita que tem tudo para dar errado! Se uma mãe, por exemplo, coloca toda sua expectativa na maternidade, o que fará quando os filhos saírem de casa? Como ficará a própria vida? E mais: como esse filho crescerá, tendo de cumprir tantas expectativas e a tarefa *impossível* de preencher a vida da mãe?

Existe uma frase muito sábia: "Cria-se os filhos para o mundo". Sigmund Freud, o pai da psicanálise, também falava que é impossível uma pessoa ou um objeto preencherem todas as nossas expectativas. Algumas mães e alguns pais têm o desejo de que os filhos sejam suas eternas companhias. Outros esperam que eles realizem tudo o que não puderam realizar. Em ambos os casos, o peso sobre o psiquismo da criança e do adolescente é muito grande. Quando essa criança ou adolescente percebe que seus pais esperam que seja uma extensão da vida deles, tende a sentir que não será amado pelo que é. Você não quer que seu filho se sinta assim, certo?

Vejo também nos pais uma vontade enorme de superproteger os filhos das dores de amor. "Melhor ele não namorar tão cedo. Da última vez, quando a namorada terminou com ele, ficou sofrendo por semanas, coitado. Vivia pelos cantos." A nossa sociedade vê o sofrimento de uma forma muito negativa, mas, na verdade, uma dose normal desse sentimento ajuda o indivíduo a se desenvolver psiquicamente. É preciso aprender a lidar com o sofrimento, a falta e a frustração, caso contrário pode-se buscar vínculos compensatórios para lidar com esses sentimentos. Atendi casos em que os adolescentes buscavam no consumismo e até nas drogas uma saída para as frustrações que sentiam.

Aliás, vamos bater um papo sobre isso. Todos nós, em algum ou em vários momentos da vida, nos sentimos sozinhos ou vazios. O psicanalista francês Jacques-Marie Émile Lacan tem um ponto de vista bastante interessante sobre o assunto. Segundo ele, a falta é natural à psique humana e é a partir dela que surge o desejo que nos projeta para a frente, para nos desenvolvermos em várias áreas. Por isso, precisamos aprender, desde cedo, a lidar com essa falta, sem buscar preenchê-la com relações pouco saudáveis ou objetos de consumo.

O adolescente, em especial, tende a sentir muito tédio. Ele sente ainda mais intensamente essa falta à qual Lacan se refere. Se não aprende a lidar com ela, pode buscar nas drogas, nas compras, nos jogos, no celular, no comportamento sexual pouco saudável, entre outros, uma compensação para a sua angústia. O que a família infantilista tem a ver com isso? Tudo! Muitas vezes, na tentativa de proteger os filhos, os pais tentam impedir, a todo custo, que o adolescente lide com esses sentimentos. Alguns adolescentes são, inclusive, colocados na posição de coitados, como fossem incapazes de lidar com o tédio, a falta e o sofrimento. Em que tipo de adulto vão se transformar?

Não adianta fechar os olhos para a realidade da vida e tentar colocar seu filho numa redoma. Não é nada eficiente proibir que namore para que não sofra ou impedir que saia para que não seja uma vítima da violência urbana. Proteger é uma coisa; impedir o desenvolvimento é outra. Você já se perguntou qual o limite entre as duas coisas? Vou dar uma dica. Preste atenção em como você se comporta em casa. A família é composta por subsistemas. Cada filho é um subsistema, assim como cada cônjuge. A reunião de todos forma o sistema da família. Vamos olhar um pouco mais de perto a sua?

Cada filho deve ser tratado de acordo com sua fase de desenvolvimento e maturidade. O subsistema do casal, por sua vez, serve de modelo para os filhos e, por isso mesmo, precisa se fortalecer e entrar em acordo em relação a algumas condutas.

Já atendi um caso em que a mãe tinha o perfil mais infantilista enquanto o pai tendia a deixar tudo correr solto, sem atentar para a importância de estabelecer regras de convívio na casa. Os dois filhos desse casal recebiam mensagens contraditórias dos pais e se aproveitavam disso para viverem no "melhor dos mundos". Como a mãe fazia tudo por eles, não assumiam responsabilidades simples de autocuidado, perfeitamente adequadas às suas idades. Quando queriam liberdade, porém, procuravam o pai. O resultado é que esses adolescentes – um de 15 e outro de 17 – não sabiam nem cuidar de si nem gerir a liberdade que, de vez em quando, ganhavam. Os dois manipulavam os pais e viviam ora presos, ora soltos, numa dança de vai e vem que gerava estresse e desentendimento no casal e na família.

Nesse caso, fiz um trabalho de mapeamento da dinâmica dos subsistemas. Conversei com os pais sobre as necessidades de cada filho e, juntos, entendemos quais eram os medos e valores da mãe e do pai. Mostrei a eles que nem a superproteção nem a liberdade absoluta são bons caminhos para o jovem construir sua autonomia. Falamos da importância da rotina na casa, de limites e, sobretudo, de estabelecer tarefas para que cada filho pudesse se desenvolver gradativamente. Os adolescentes passaram a cuidar do próprio quarto e a fazer inúmeras outras atividades que antes eram realizadas pela mãe. O impacto na vida dos adolescentes e da família foi gigantesco. Pai e mãe puderam, inclusive, ter mais tempo para viver como casal.

Esse é outro ponto que não deve ser deixado de lado na criação dos adolescentes. Se você é casada/o deve cuidar para que o relacionamento não fique em segundo plano por causa da preocupação e da superproteção em relação aos filhos adolescentes. Que tal vocês se unirem para cuidarem desses jovens sem, no entanto, abrirem mão da vida conjugal? E se você os educa sozinha/o, não precisa deixar sua vida social completamente de lado. Dependendo da idade dos filhos é possível e saudável que eles mesmos façam um lanche ou até o próprio jantar.

É fundamental, aliás, que entre os casados, o subsistema casal vá bem para que haja harmonia na educação dos filhos. Já atendi casais cuja relação ia tão mal que o impacto negativo na família era visível. Houve até casos em que os pais disputavam para ver quem tinha mais influência sobre o adolescente, e o filho lá, no meio do fogo cruzado! Isso também serve para pais divorciados. O relacionamento amoroso pode ter acabado, mas os filhos são para sempre. Nesse sentido, é preciso haver diálogo aberto e cortesia, para chegar a decisões conjuntas que sejam fruto de debate, ponderação e bom senso.

Mas, olha só, já estou eu querendo me aprofundar na vida conjugal, que será o tema do meu próximo livro. É que se as pessoas soubessem o quanto o relacionamento a dois é importante na educação dos filhos, talvez cuidassem mais da vida amorosa. Afinal, é com exemplo dado em casa que o adolescente começa a construir sua ideia a respeito dos relacionamentos. Mas, vamos voltar à família infantilista e deixar essa conversa para a próxima. O caso a seguir ilustra bem alguns pontos importantes.

Recebi no consultório um adolescente de 17 anos que estava prestes a perder o ano na escola. Ele jogava videogame o dia inteiro e fazia birras como se fosse um menino de 11 anos. A mãe fazia tudo para ele: almoço, jantar e ainda o acordava para ir à aula. O rapaz chegou a faltar na escola por dias seguidos porque, se a mãe não o despertava, ele perdia a hora. Quando conversávamos a respeito dessas situações que se repetiam, a mãe dizia ter pena, justificando tudo o que ele fazia de errado. Mas pena por que, se o adolescente era absolutamente saudável?

O rapaz era inseguro, vivia grudado na mãe e raramente fazia algum programa com o pai. Perguntei a ele se não tinha amigos ou uma menina com quem ir ao cinema, e me respondeu que não. Começamos a conversar sobre a escola (ele estudava num lugar que oferecia várias atividades) e, assim, fui mostrando que havia diversas possibilidades de ele sair da relação bipessoal com a mãe, começar a circularizar e se desenvolver socialmente.

Foi um trabalho passo a passo. A partir da nossa conversa, ele passou a interagir mais com os colegas da escola e, numa sexta-feira, ao sair da aula foi com os novos amigos para uma lanchonete. A mãe entrou em desespero, apesar de o rapaz ter ido lanchar às 13h30 e voltado para casa apenas duas horas depois. Perguntei por que o adolescente não podia sair com os amigos, e ela me disse que ele deveria estar em casa estudando.

Conversamos sobre a importância de o adolescente ter espaço para as várias áreas da vida. Expliquei que a convivência com o grupo é essencial para desenvolver as habilidades sociais que serão utilizadas mais à frente, na formação da nova família e até mesmo no trabalho. Para deixá-la mais tranquila, sugeri que montasse, com o filho, um cronograma de atividades em que ele teria tempo para família, para os estudos, para o lazer e para os amigos.

As coisas estavam indo muito bem, mas a mãe passou por recaídas naturais no processo. Ela deixava de sair com as amigas ou fazer outras atividades de interesse pessoal porque acreditava que precisava fazer o jantar para o filho todos os dias. "Ele tem 17 anos. Por que você não o ensina a fazer uma omelete?", propus. Nessa mesma época, o rapaz arrumou uma paquera numa cidade bem próxima, no interior de São Paulo. Ele já não gritava mais com os pais, tinha amigos e aparecia no consultório todo empolgado para me falar da nova vida.

"Vou pedir para o meu pai me levar até lá", disse. Então percebi que ele estava pronto para outro desafio e sugeri que pegasse o metrô até a rodoviária e fosse sozinho. Ele me olhou desconfiado, consegui ver uma ponta de medo em seus olhos, mas lá no fundo também percebi um brilho. O rapaz, que tinha sido infantilizado desde o início da adolescência, começava a perceber que era capaz de cozinhar, pegar um ônibus, fazer amigos e arrumar uma namorada. A mãe percebeu seu amadurecimento e também trabalhou a falta que sentia da época em que o filho ainda era uma criança.

Com o tempo, esse rapaz floresceu. Passou de ano, apresentou a namorada para os pais e passou a jogar videogame só em determinado período do dia. A mãe, por sua vez, percebeu que ele estava longe de ser um coitado ou um incapaz e passou a ter orgulho da mudança de postura. A relação em casa mudou para melhor, e a mãe percebeu que muitos dos temores que tinha, e que a levavam a superproteger o filho, estavam mais relacionados a ela mesma do que a algum perigo real. Finalmente, passou a dar muito mais atenção ao marido e à sua vida pessoal.

Eu sei, na teoria não parece tão difícil, mas na prática... A gente fica pensando em tudo o que já passou na vida, não queremos que nosso filho sofra. Algumas mães e pais contam que foram criados sem nenhum tipo de atenção e que, hoje, fazem as coisas pelo filho para demonstrar amor. Às vezes, confundem demonstração de amor com proteção excessiva. Na verdade, amar é fornecer as ferramentas adequadas para o desenvolvimento integral da criança, do adolescente e até do jovem adulto. Isso significa dar oportunidades para que eles socializem e sejam críticos em relação às situações com as quais se defrontarão tanto na adolescência quanto na vida adulta.

A família infantilista, além de superproteger, costuma mimar o adolescente. Existem muitos casos de pais que se sentem culpados por não passarem tempo suficiente com os filhos. Numa tentativa de minimizar essa lacuna, dão tudo o que o adolescente pede. O que acontece, então, é que o jovem não aprende a importância do esforço para conquistar as coisas nem a lidar com as decepções.

Atendi moças e rapazes que ficavam extremamente frustrados por não conseguirem o que queriam, reagindo de forma inadequada e desrespeitosa com as pessoas ao seu redor. Também conheci adolescentes que ficavam paralisados diante de obstáculos, justamente por terem tudo à mão, sem precisar se esforçar.

Sugiro uma reflexão: quais características você gostaria que seu filho levasse para a vida? Agora uma pergunta mais difícil: de que forma a sua educação contribui para que o jovem as desenvolva? No terceiro capítulo deste livro, falaremos sobre como preparar os filhos para o mundo, então vá pensando, desde já, em como tem cuidado, dentro de casa, desse percurso. A educação não é uma atividade corriqueira, que se possa fazer sem pensar muito a respeito. Para criar filhos autônomos, felizes e saudáveis é necessário pensar em cada escolha e identificar os entraves nas dinâmicas familiares.

Às vezes, por exemplo, a família tem episódios de infantilização. Não é o tempo inteiro infantilista, mas tende a ser em determinadas circunstâncias. Exemplos que a vida me trouxe: quando meu filho Bruno tinha 13 anos, ele sofreu um sequestro relâmpago e ficou desaparecido por cerca de duas horas. No fim, levaram apenas o dinheiro que tinha e o liberaram. Mas ficou apavorado, é óbvio. Isso aconteceu justamente quando estávamos trabalhando a questão da autonomia. Ele já ia sozinho do local em que praticava esporte para a casa (um percurso de uns cinco minutos), mas o episódio do sequestro relâmpago fez com que eu sentisse necessidade de dar um passo atrás. Durante dois meses passei a acompanhá-lo porque meu filho e eu estávamos assustados, com medo de que algo ruim acontecesse novamente. As minhas emoções estavam tão fragilizadas que eu precisava tomar cuidado para não virar uma mãe superprotetora. Resolvi me segurar e tive uma conversa franca comigo mesma, pois não poderia estender essa regressão por tempo indeterminado.

Perguntei a ele se já estava preparado para ir e voltar sozinho novamente do esporte. Confesso, fiz a pergunta com o coração na mão. Sabe aqueles sentimentos contraditórios, aquela vontade de proteger o filho para sempre? Eu tive, mas sabia que não poderia e que, de qualquer forma, não seria isso que o protegeria. Não abriria mão de trabalhar a autonomia do meu filho. Como disse, muitas vezes os pais infantilizam o filho por medo e insegurança. Mas precisamos ser fortes e nos apoiar na fé. Determinei, juntamente com meu filho, que isso jamais aconteceria com a gente. E, graças a Deus, nunca mais aconteceu e nunca acontecerá, eu creio. E a Palavra de Deus não volta vazia. Acho que rezei tantas vezes a oração ao Anjo da Guarda que fiz uma poupança e tanto entre o céu e a terra. Gosto de contar minhas experiências para ninguém pensar que eu acho fácil o que não é.

Um último ponto: se você tem infantilizado seu filho para recompensá-lo pelo pouco tempo que passa com ele, talvez você precise rever suas prioridades na agenda. Hoje em dia há uma frase (bastante na moda) que diz: "O que interessa não é a quantidade, mas a qualidade". Sinto muito, mas quando se trata de educação, a quantidade é importante sim. Por melhor que seja o tempo com seu filho, você não conseguirá conhecê-lo, passar valores e construir uma relação profunda em dez minutos de convivência por dia.

Adolescentes precisam de atenção. Que tal estabelecer dias para jantarem ou almoçarem juntos? Você pode propor também alguns programas aos finais de semana (não precisa ser em todos, hein?). Vocês se assustariam se soubessem quantas vezes ouvi de moças e rapazes que sentiam falta da mãe e do pai. "Gostaria que meu pai passasse mais tempo comigo." "Minha mãe se preocupa mais com o que eu como do que em conversar comigo." "Meus pais só querem saber de me controlar, mas a gente nunca conversa." Essas e outras frases, infelizmente, são comuns em meu consultório.

A família adultista

Esse tipo de família age praticamente de forma oposta à família infantilista. Nela, o adolescente precisa cuidar de si mesmo, às vezes sem ter maturidade psíquica para isso ainda. Precisamos ter em mente que a aquisição de maturidade é um processo gradativo e que requer a ajuda da família. Pense no adolescente como um pão em processo de produção. Para que cresça é necessário sovar a massa, certo? E o que seria sovar a massa? Justamente acompanhar esse processo em direção à autonomia e independência, trazendo o jovem para perto quando ele quer dar um passo para o qual não está preparado e também o incentivando a realizar tarefas para as quais já tem capacidade, mesmo que se sinta atemorizado.

Tratar um adolescente como adulto é uma forma de roubar as dores e as delícias dessa fase. Ao pular as vivências normais da adolescência, a tendência é que em alguma fase posterior da vida, ao virar um adulto de fato, essa pessoa queira recuperar o que não viveu. Quem não conhece alguém que, aos 40 anos, se comporta de forma inconsequente? Muitas vezes são indivíduos que sentiram muito cedo o peso das responsabilidades e que, psiquicamente, sentem falta da leveza e da experimentação típicas da adolescência.

Acompanhei o caso de uma família cujos filhos tinham 10 e 12 anos. Todos os dias almoçavam sozinhos em um restaurante por quilo e depois faziam um percurso perigoso até a empresa dos pais. Lá, os dois trabalhavam, para depois voltar para casa, dormir e, no dia seguinte, começar tudo de novo. O pai dizia ao mais velho que cuidasse do mais novo e que, se alguma coisa acontecesse, ele seria responsabilizado. Esse menino morria de medo do pai e, na escola (foi onde eu os atendi como psicóloga escolar), se expressava como se fosse um adulto.

Perguntei ao pai o que era responsabilidade e ele me respondeu que era fazer o que precisava ser feito. Eu disse a ele que responsabilidade era responder com habilidade na vida e que, aos 9 e 12 anos, seus filhos ainda não tinham maturidade para fazer o que estavam fazendo. Respondeu-me, então: "Mas eu, na idade deles, já fazia tudo isso!". Possivelmente, esse pai não conseguia enxergar, naquele momento, as marcas que um amadurecimento precoce deixa. Se os meninos tivessem 15 ou 16 anos, comer sozinhos e ajudar os pais no trabalho provavelmente não acarretaria nenhum tipo de problema. No entanto, mais importante até do que aferir as tarefas adequadas a partir da idade é observar o adolescente que você tem em casa. Cada um tem um tempo próprio quando se trata de desenvolvimento psíquico. Esses dois adolescentes precisaram ser assaltados e perderem os tênis num viaduto para que o pai mudasse o seu comportamento. Com 9 e 12 anos, qualquer um vira alvo fácil de pessoas mal-intencionadas, até mesmo pelo porte físico ainda pouco desenvolvido.

Geralmente é assim: quando lido com famílias adultistas, preciso conscientizá-las da necessidade de dar um passo atrás. Geralmente, peço que deem mais tempo para que os adolescentes se divirtam. Levar a parques, praia e espaços em que possam conviver com outros jovens, de forma leve e divertida, costuma funcionar nesse caso. Eles passam, naturalmente, a se comportar de acordo com a sua idade.

Com a correria dos dias de hoje, muitos pais acabam delegando as responsabilidades com o filho mais novo para o filho mais velho, como aconteceu no caso que acabei de narrar. Isso é extremamente prejudicial, primeiro porque um adolescente não tem conhecimento (e jamais deveria ter a responsabilidade) de educar alguém. Segundo porque a relação entre os irmãos pode ficar severamente prejudicada. Em vez de exercitarem a cumplicidade e o companheirismo, quando um irmão educa o outro acaba se colocando numa posição de autoridade e cerceamento que pode gerar atritos e traumas desnecessários. Irmãos devem ser irmãos, e pais devem ser pais. Lembra quando falei da importância, dentro da família, de que cada um tenha um papel definido? Esse é um ótimo exemplo!

Vejam mais um caso. Era uma família com três filhos, com 16, 14 e 12 anos. O de 16 era considerado um filho maravilhoso. Responsável, educado, um orgulho para seus pais. O menino era tão "adulto" que só vestia calça social e camisas de tricoline, parecendo um velhinho. A família havia procurado a terapia por causa do filho do meio, que tinha um cabelo moicano vermelho e, segundo a mãe, vivia dando trabalho. Ao olhar mais de perto para eles, percebi que precisava analisar a dinâmica familiar como um todo e, assim, acabei realizando sessões com a família. Na verdade, o menino de 14 anos era apenas um "paciente identificado" (PI), mas a família em si estava bem adoentada.

Depois de ganhar a confiança do mais velho, fiz sessões individuais com ele e pudemos conversar sobre o fato de só andar com adultos. Ele me contou como era a sua vida durante algumas sessões até que um dia chegou estalando de raiva no consultório. Na ONG em que fazia trabalho voluntário havia uma velhinha que ele simplesmente dizia odiar. "Eu quero matar aquela velha!", ele me disse. Peguei uma almofada e pedi que falasse com ela como se fosse aquela senhora. Depois de alguns segundos, ele afirmou: "Não, na verdade eu quero é me matar. Quero matar a falta de prazer que sinto na vida, eu sou um velho, não consigo ser eu mesmo, a única atividade extra que consigo fazer é ir nessa ONG".

Enquanto os pais o achavam perfeito, o adolescente necessitava de tanto controle que estava desenvolvendo transtorno obsessivo compulsivo. Se a janela não estivesse aberta de determinada forma, ele não conseguia tomar banho, por exemplo. Os pais queriam tanto que ele coubesse e permanecesse em um modelo de perfeição adulta que o rapaz tinha crises de ansiedade e pensava em suicídio, pois não sabia mais como corresponder a tanta expectativa. Naquela mesma sessão, ele ainda disse: "Eu só tenho deveres, não me dou direito a nada. Não tenho amigos, nem sei que tipo de música ouvir...". Pronto, estava ali na minha frente um caso muito típico de um adolescente engessado numa máscara de adulto.

Fiz quatro perguntas para ele. A primeira: "O que você gosta e não faz?". Ele respondeu que achava que gostava de pessoas da idade dele, mas não tinha amigos. A segunda: "O que você gosta e faz?". Disse que era estudar e vir para a terapia. A terceira pergunta: "O que você não gosta e faz?". "O trabalho voluntário", ele confessou, "e ficar em casa com a família". E a quarta e última questão: "O que você não gosta e não faz?". Respondeu que era sair com os irmãos. A mãe o pressionava, mas ele não gostava e não fazia.

Essas respostas não foram faladas, mas escritas. Ele levou os questionamentos para casa e começou a pensar no que gostava ou não. Com isso, quis que ele separasse os próprios desejos dos desejos de seus pais e pudesse identificar, a partir disso, um caminho para seguir em busca do que o fazia feliz. Ele também pôde questionar se precisava mesmo continuar fazendo o que detestava, apenas para ser agradável aos outros. Ao relacionar o que gostava e não gostava ao fato de fazê-las ou não, ele também tomou consciência das próprias atitudes. A partir daí, montamos um plano para que ele pudesse recuperar o adolescente perdido dentro de si – um jovem bonito, inteligente, alegre e espontâneo. Houve sessões individuais e várias em que pudemos trabalhar com todos os membros da família. Muitas delas foram catárticas. Por exemplo, numa escultura psicodramática esse rapaz se colocou completamente apartado da família e aí todos puderam perceber o sofrimento que esse filho e irmão carregava dentro de si. Ele chorou e conseguiu dizer tudo que estava entalado. Sua mãe, chorando, pediu desculpas para o filho.

Às vezes é preciso dar tempo ao adolescente para amadurecer e entender sua relação com os próprios desejos. Muito do que se passa nessa fase ainda é obscuro, e digo isso porque, no condomínio onde ele morava, havia um grupo de jovens que sempre se reunia. Ele trouxe o assunto à sessão, mas inicialmente disse que não gostava e não se aproximava do grupo. Só depois de um tempo admitiu que gostava, mas não ia até eles. Na verdade, tinha medo de não ser aceito pelo grupo, já que não o era em sua casa.

Não demorou muito para que ele tomasse coragem. Como foi importante a convivência com aquele grupo! O rapaz abandonou as roupas sociais, descobriu que tipo de música gostava e, ao entrar na faculdade, mostrou-se cheio de atitude e esperança em relação à vida. Agora, veja como é preciso olhar com cuidado, carinho e atenção para os filhos. A mãe achava que o problema era o menino do cabelo moicano e que o mais velho estava ótimo! Os irmãos passaram a respeitá-lo e se reaproximaram.

Ilustrei a família adultista com casos bem sérios, em que até a integridade física dos adolescentes corria riscos, mas não é preciso chegar a tanto. Se, por exemplo, você organizou a rotina do seu filho de forma que ele apenas vá à escola e faça cursos, sem tempo para qualquer outra coisa, está impondo uma exigência de produtividade e esforço normalmente exigida dos adultos. Se espera que ele responda de forma adulta a questionamentos em geral e tenha uma postura completamente madura diante das situações, talvez o que esteja deslocado não seja o comportamento do seu filho, mas as suas expectativas.

Que tal conversarem sobre como ele se sente? Você pode perguntar se ele tem medo de fazer determinado trajeto e por quê. De repente, antes de deixá-lo realizar uma tarefa sozinho, que tal realizarem juntos algumas vezes para você notar como ele se comporta? Essa preparação deixará seu filho muito mais seguro, pois servirá como transição na aquisição da autonomia. O mesmo vale para aprender a cozinhar, por exemplo. Podem partilhar um caderno de receitas, assistir a programas de gastronomia na TV ou comprar livros do gênero destinados especificamente para jovens.

Filhos de famílias adultistas tendem a ser tímidos e inseguros. É uma reação natural diante da angústia de não conseguir viver como gostaria. Muitas vezes, represam a raiva, podendo vir, até mesmo, a desenvolver sintomas depressivos. Meu conselho aos pais que tendem a emancipar cedo demais os filhos é que repensem as atitudes tomadas. Deixem o tempo correr com a sabedoria que é peculiar à natureza. A vida adulta virá, e sabemos bem que, apesar dos ganhos que o passar do tempo traz, muitas coisas boas não voltam. Deixe seu filho ser o que ele é: apenas um adolescente. E quem disse que só adulto acerta?

A dinâmica familiar é construída antes mesmo de o bebê nascer, a partir da própria relação a dois. Por isso, tenha paciência se perceber que precisa mudar. Talvez seja difícil, pois quando mantemos um comportamento durante muito tempo, ele vira praticamente um hábito em nossa vida. Mas, de passo a passo, somos todos capazes.

A família sem limites

Esse tipo de família não adultiza nem infantiliza os filhos, mas dá liberdade excessiva. Não atenta para a importância de haver rotina e regras na casa. Os adolescentes costumam fazer o que querem e quando bem entendem, costumam ser birrentos e autoritários. É aquele típico caso da moça ou do rapaz que fecha a cara quando o filme escolhido pela família não é do seu agrado. Tornam-se adolescentes e adultos chatos, pois quando a pessoa não se acostuma a ceder de vez em quando, torna-se geralmente inflexível e pouco empática.

Acompanhei uma menina de 13 anos cuja dinâmica familiar era essa. Ela não avisava aonde ia, bebia e ainda tinha um cartão de crédito com um limite bastante alto, para gastar como quisesse. Na escola, a mocinha não parava na sala de aula. O inspetor vivia atrás dela. Seus pais eram muito ocupados e não acompanhavam o desenvolvimento da adolescente. "É coisa da idade", diziam, como se o comportamento dela não fosse digno de preocupação. Sim, um pouco de rebeldia de fato é coisa da idade, mas, ainda assim, isso não exime os pais da responsabilidade pelo acompanhamento e supervisão do adolescente.

Um dia essa menina e uma amiga foram para o prédio de um rapaz que haviam conhecido em um shopping. Compraram vodca e refrigerante e começaram a beber. A mãe recebeu uma ligação da amiga da filha, dizendo que ela estava desmaiada. A adolescente havia entrado em coma alcoólico! A partir desse incidente, resolveram colocá-la para estudar em período integral. Foi, então que os pais puderam perceber que nossa orientação, minha e da escola, era a certa e passaram a se comprometer mais com a educação da filha. O coma alcoólico nada mais foi do que um pedido de socorro por parte da adolescente. Se não existe um adulto por perto para dar limites, o jovem, naturalmente, extrapola. Faz isso até com a intenção de chamar a atenção do adulto e nem uma escola em período integral resolveria se a atitude dos pais não mudasse.

Esses pais tinham muita dificuldade em abrir mão de seus prazeres pessoais. "Você quer que eu só cuide dela? Que eu não tenha vida própria?" Claro que não! Pais e mães definitivamente devem ter vida própria, só não podem se esquecer de que tiveram filhos e que isso requer comprometimento. Ter filho, vale lembrar, é como assinar um contrato de mais de vinte anos. É o adulto quem deve definir o que o jovem pode ou não fazer, quando e de que forma. Os pais precisam saber com quem o filho anda, onde ele está e a que horas voltará. Da mesma forma, devem escolher juntos as atividades mais adequadas ao adolescente e como elas serão distribuídas em sua rotina. Devem ensiná-lo também que há tempo para tudo: estudo, esporte e lazer.

Não é tarefa da escola ou da secretária do lar formar o adolescente, mas de seus pais. Quando percebem que não estão recebendo cuidados, os jovens tendem a se sentir carentes e abandonados. Há casos de gravidez precoce em que a moça, frustrada por não ter a presença dos pais em sua vida, resolve engravidar para construir a própria família. Atendi também um adolescente de 15 anos que estava sendo assediado pela internet por um homem de 21 anos. Ele ficava sozinho o dia inteiro em casa, sem receber sequer uma ligação dos pais, então buscava na internet qualquer pessoa que lhe desse atenção.

Há um risco muito grande na formação de um adolescente dentro de uma dinâmica familiar em que não há limites. Quando a falta de cuidado está aliada ao caos e à anarquia, podem surgir falhas graves de caráter. O adolescente passa a tratar as pessoas sem zelo, sem respeito e sem cuidado, pode fazer ou sofrer *bullying*. Como vivencia isso em casa, parte do pressuposto de que todos os relacionamentos são assim, descompromissados. Quando entra na vida profissional, tem muita dificuldade em trabalhar em equipe e costuma acreditar que os fins justificam os meios. Surgem assim pessoas que não se importam em passar por cima dos outros para garantir benefícios próprios.

"Eu não quero me aborrecer, deixa ele tranquilo, senão vira briga." Essa frase é comum na boca de pais que não costumam dar limites aos filhos. Às vezes, são pessoas que foram muito vigiadas e reprimidas e desenvolveram verdadeiro pavor de cercear a liberdade alheia. "Não se trata de aborrecer nem a ele e nem a você", eu explico. "É participar da formação de seu filho!".

Durante várias sessões em família, ouvi jovens dizerem aos pais que sentiam falta de receber telefonemas ou que a família perguntasse onde estava. Nem todos têm a coragem de expressar claramente seus desejos. A maioria, infelizmente, se faz de durona e finge que não sente falta.

Nesses casos, a raiva e o desamparo cavam uma lacuna profunda na alma. Quando adultos, muitos não acreditam que podem ser amados e cuidados, justamente por causa do registro de rejeição construído no passado. Por isso, tendem a se envolver em relacionamentos em que são tratados como na infância e adolescência. Repetem as relações que lhes são familiares, perpetuando um ciclo de infelicidade que nem sempre é quebrado sem a intervenção de um processo terapêutico.

Vícios também podem ser desenvolvidos a partir da falta de limites. Acompanhei um rapaz de 16 anos que jogava videogame mais de dez horas por dia. Ele dizia que queria parar, mas não conseguia. Os pais nunca estavam em casa, então nem percebiam o que acontecia na vida do garoto. Só quando o pai tirou férias e passou alguns dias em casa é que percebeu o comportamento do filho. Trabalhei com eles em formas de estabelecer limites e organizar a rotina (você aprenderá mais sobre isso no terceiro capítulo do livro). Acredite se quiser, o adolescente, em vez de bater o pé para continuar em sua maratona de videogame, ficou aliviado com as novas regras.

Pode parecer estranho, mas não ter limites gera angústia. No início o adolescente pode até gostar, mas depois de um tempo a tendência é que se sinta completamente perdido. Como a adolescência é uma fase de enfrentamento e descoberta interna, toda essa energia precisa ser canalizada de forma saudável e produtiva. Muitas vezes, para não enfrentar as próprias questões e emoções relacionadas a elas, o jovem entra em estado de fuga psíquica, distraindo-se com o que quer que seja. O adulto precisa observar de perto. Impor limites é uma forma de ajudar o adolescente a canalizar melhor sua energia e a processar os lutos e as angústias comuns da fase. É preciso ensinar o jovem a olhar para dentro de si mesmo, com calma e tranquilidade.

Sempre falo da importância da religiosidade nesse processo. Não importa qual seja a sua religião, já que a maioria possui uma mensagem parecida de amor ao próximo, respeito, solidariedade e caridade. Reze com seu filho e, se possível, frequentem juntos a igreja. É importante que ele saiba que pode recorrer a um poder superior nos momentos de dificuldade. A religião também oferece uma baliza moral importante e ajuda na reflexão sobre o certo e o errado. Ensinei meu filho a rezar muito cedo e hoje, já adulto, ele se tornou um homem sensível e espiritualizado. Acredite, esse é um dos melhores presentes que você pode dar a alguém. Na vida não adianta só se informar, é preciso se formar com valores morais.

A família expulsiva

Vamos à história da minha dinâmica familiar. Sou a mais nova e tive duas irmãs. Lá em casa, eu era o patinho feio da família. Minha mãe e meu pai me consideravam rebelde, penso até que achavam que não davam conta de mim e recebi poucos limites. Minha irmã mais velha, por sua vez, nasceu prematura, com seis meses e meio. Por isso, meus pais a cercavam de zelo. Mesmo quando ela cresceu e se tornou uma menina forte e saudável, até ajudando em casa e mais tarde trabalhando, eles a consideravam uma pessoa frágil e necessitada de cuidados. Como se ela fosse incapaz, faziam absolutamente tudo por ela, superprotegendo-a do que quer que fosse. Já a minha irmã do meio era o protótipo da perfeição. Nasceu no mesmo ano em que a Martha Rocha foi eleita Miss Brasil. Ela era lindíssima e minha mãe morria de orgulho dela. Essa irmã seguiu à risca tudo o que se esperava dela: estudou na Universidade de São Paulo e casou-se com um médico. Eu e minha irmã mais velha ficávamos à sombra dessa irmã. Ainda que não falasse abertamente, sentíamos que minha mãe depositava nela todos os seus anseios, enquanto os meus defeitos e os de minha irmã mais velha ficavam cada dia mais evidentes com a comparação. Minha mãe chegava a dizer que tínhamos inveja dos seus olhos verdes. Meu pai, na maior parte das vezes, era omisso em relação a tudo isso.

Eles não faziam por mal, assim como a maioria dos pais não estabelece uma dinâmica familiar nociva porque quer prejudicar seus filhos. Como eu disse anteriormente, a formação de uma dinâmica familiar se dá a partir de parâmetros muitas vezes inconscientes e começa muito antes de os filhos tornarem-se adolescentes. Geralmente inicia com a união do casal e depois com o nascimento dos bebês. A dinâmica familiar tem a ver com projeções e desejos, e o ser humano ainda não aprendeu a se descobrir, a fazer terapia para buscar as raízes de seus comportamentos. Geralmente, procura terapia quem está mal, quando, na verdade, o processo terapêutico deveria ser uma coisa para a vida.

Mas, voltando ao assunto, a minha família comportava-se como uma família expulsiva, a famosa família do patinho feio. Minha mãe tinha uma relação simbiótica com a minha irmã do meio, e eu e minha irmã mais velha nos sentíamos rejeitadas. De alguma forma, havia comparação e competição entre nós, pois nunca fomos estimuladas a tratar nossas personalidades diferentes de forma inclusiva, com sentimento de fraternidade. A diferença não era celebrada, não conseguíamos admirar as qualidades umas das outras sem nos sentirmos diminuídas. O modelo que tínhamos era o de nossa mãe e, como ela nos olhava comparativamente, assim nos víamos.

Passei anos em terapia para construir um novo jeito de olhar para mim mesma e para as minhas irmãs e, talvez por isso, justamente por ver a força do processo terapêutico na mudança psíquica, tenha me tornado psicóloga de casais e famílias. Se pensássemos mais no impacto da dinâmica familiar na formação do ser humano...

Minha história e a da minha irmã mais velha têm um final feliz. Uma hora, ela se cansou do estereótipo de doente e incapaz e mudou-se para outro estado, longe de São Paulo, onde constituiu sua própria família. Ao se mudar, foi também em busca de autonomia e independência, passou em concurso e foi trabalhar numa universidade federal. Eu fiz o mesmo, fui morar em Recife, trabalhar no Grupo Votorantim e bem depois voltei casada e constituí minha família na cidade de São Paulo. Do meu jeito, acabei entendendo que não precisava ser a mais linda nem ter uma família perfeita para ter valor. Ainda assim, acredito que as coisas teriam sido bem mais fáceis se, dentro de casa, tivéssemos sido estimuladas a conviver de forma a que prevalecesse o sentimento de pertença familiar.

Confesso que sempre amei minhas irmãs e tentava ser amiga das duas para contemporizar. Tenho certeza que nós nos amamos muito apesar de tudo e, no momento que precisamos de ajuda, nos ajudamos mutuamente.

Na família expulsiva, as relações de poder e influência ganham protagonismo. Não existe um sentimento de que todos pertencem ao mesmo time e que as vitórias de um são, na verdade, vitórias de todos. O núcleo familiar se fragmenta em relações paralelas, em que pai e mãe escolhem determinado filho, com o qual mais se identificam, e acabam construindo ideias preconcebidas a respeito dos outros. A fraternidade, a cumplicidade e o apoio mútuo ficam prejudicados – isso quando existem.

A família é o primeiro abrigo emocional do ser humano. Todos deveríamos nos sentir protegidos e amparados por nossas famílias. Por isso, faça um exame criterioso sobre como vocês, pai e mãe, têm tratado seus filhos, especialmente se tiverem mais de um. Como é o comportamento entre eles? Apoiam-se ou vivem competindo e se comparando? Se for o caso, talvez vocês precisem investigar se não estão estimulando, de alguma forma, essa conduta. Às vezes, uma frase aparentemente boba como: "Seu irmão não faz uma coisa dessas!" ou "Por que você não é como o seu irmão?" é o suficiente. Por isso eu insisto que os pais devem ser o observatório do lar.

Fiquem atentos para elogiar as qualidades de todos. Conversem sobre como é importante para a sociedade que as pessoas sejam diferentes. Cada um tem seus talentos especiais, ninguém precisa ser igual aos demais. Sobretudo, estimulem a amizade entre seus filhos, que se defendam e que possam contar uns com os outros. Se um tem talento para pintar e o outro para desenhar, por exemplo, por que não sugerir que trabalhem juntos em uma obra de arte? É na convivência que aprenderão a se sentir parte integrante da família. Sua postura em relação a isso faz toda a diferença. E se na sua família tem essa dinâmica do patinho feio, pare de se sentir o melhor ou o pior, apenas dê o melhor de si para o seu próximo.

Certa vez, atendi no consultório uma família com três adolescentes, de 12, 15 e 17 anos. O mais novo era bem infantil, o do meio gostava de chamar a atenção dos pais e o mais velho era tímido e desconfiado. Fiz uma dinâmica para entender melhor o comportamento daquela família. Pedi que a mãe e o pai se posicionassem na sala como quisessem e, em seguida, disse aos rapazes que, um de cada vez, encontrasse um lugar para si. Os pais se posicionaram um ao lado do outro. O mais novo se colocou aos pés da mãe. O do meio ficou ao lado da mãe e o mais velho ficou de costa para todos.

Perguntei ao mais novo porque ele tinha escolhido aquela posição. Ele ficou um pouco reticente, mas por fim disse: "É difícil crescer, né? Eu gosto de ficar com a minha mãe e gosto de dormir na cama dos meus pais". O do meio, posicionado no mesmo nível dos pais, estava em destaque e me disse que gostava daquilo. Já ao mais velho, perguntei: "E você? Por que está de costas?". "Eu não me sinto observado, parece que não pertenço a essa família", ele respondeu. Nessa hora, a mãe fez cara de espanto, não imaginava que ele se sentisse tão desconfortável e, a partir daí, começamos a trabalhar por que o rapaz tinha essa sensação e o que isso tinha a ver com o comportamento dos pais em relação aos três filhos. A mãe confessou que não aguentava vê-los crescerem, pois era o único papel que, na verdade, lhe dava prazer. A continuidade do tratamento culminou com terapia do casal, que vinha numa crise que, então, foi assumida.

Crianças e adolescentes são seres muito sensíveis. Eles percebem, ainda que de forma inconsciente, quando são tratados com menos cuidado do que seus irmãos. Não estou dizendo que os pais devam tratar os filhos da mesma maneira, até porque o tratamento deve ser adaptado à personalidade e à maturidade de cada um. Se uma menina não gosta de ser abraçada pela mãe o tempo inteiro, por exemplo, isso precisa ser respeitado. O comportamento em relação aos filhos pode ser diferente, mas o nível de cuidado, zelo e acompanhamento deve ser igual. Todos devem ter a atenção de seus pais, assim como oportunidades para se desenvolver.

Eu sei, nem sempre é uma tarefa fácil. Vejo casos de pais que se dão melhor com um filho do que com outro e esse sentimento é mais comum do que a gente pensa.

Portanto, se é seu caso, não se sinta culpado. O problema não é se identificar mais com um do que com outro. O problema surge quando as atitudes demonstram que existe uma preferência. Examine-se atentamente. Talvez seja o caso de fazer novamente, sozinha/o ou com o seu/sua parceiro/a, o exercício do Diário dos Pais. Que atividades são realizadas com cada filho? Quanto tempo passam com cada um, separadamente? Existe um equilíbrio na rotina ou alguém está sendo deixado de lado?

Na família expulsiva existe uma fragmentação perigosa. Atendi uma adolescente de 16 anos que se sentia preterida pelos pais, que só davam atenção para a irmã mais nova, de 14 anos. Essa moça "rejeitada" brigava o tempo inteiro com a família. Era aquela típica adolescente "do contra". Certa vez, durante uma viagem a Paris, todas as propostas de passeio da mais nova eram atendidas pelos pais, enquanto as sugestões da mais velha eram ignoradas. Numa noite de sábado, essa adolescente esperou os pais dormirem e saiu do hotel. Só chegou no dia seguinte, às seis da manhã. Quando os pais perguntaram por que ela tinha feito aquilo, respondeu: "Vocês só fazem o que minha irmã quer. Não me acompanham em nada, não querem que eu seja feliz também. Então, já que ninguém faz muita questão da minha companhia, eu fui passear sozinha". Que perigo!

Os filhos de famílias expulsivas costumam dar esse tipo de sinal. As brigas de família são formas de chamar a atenção e, quando não a consegue, o adolescente tende a forçar o limite até que seja visto. Talvez seja o caso de você tentar entender um pouquinho melhor, caso tenha em seu lar uma dinâmica familiar expulsiva, porque desenvolveu certas preferências em relação a um filho.

Os filhos não vieram ao mundo para nos agradar. É ótimo quando nos deixam orgulhosos, mas essa não é a função deles. Se sente uma identificação maior com um de seus filhos, porque é mais parecido com você, talvez esteja em busca de autoestima, mas isso a gente encontra dentro de nós e não fora. Se convive mais com um filho porque o admira, talvez esteja buscando se realizar por meio dele. O contrário também ocorre. Quando o filho é diferente ou não segue o caminho que os pais gostariam que seguisse, eles podem se sentir frustrados e até afrontados. Alguns resolvem simplesmente parar de dar atenção para não ver o garoto ou a garota "problema". Mas não é porque a gente deixa de olhar que o problema deixa de existir, certo?

É possível que o problema não esteja no seu filho, mas no ideal de família que você construiu em sua cabeça. Isso lembra algumas mulheres que ficam esperando pelo príncipe encantado, aquele cara sem defeitos e eternamente apaixonado. Na cabeça delas, o amor tem de ser assim, e se o companheiro não tiver todas as qualidades elencadas, não serve. Sei que vou frustrar algumas pessoas, mas a verdade é que o amor é mais complexo e menos colorido que isso. Somos humanos, afinal. Todos temos defeitos. Não é todo dia que acordaremos de bom humor. Se existe uma expectativa idealizada em relação ao companheiro ou aos filhos, pode ser que estejamos alimentando uma espécie de tirania interna que merece ser observada com carinho, mais de perto.

Atendi uma mãe que queria que o filho fosse advogado, como ela. O rapaz tinha 18 anos e estava na fase de escolher a faculdade. Ele gostava muito de Engenharia Naval e, timidamente, sempre contava aos pais sobre as possibilidades da carreira. O pai também era advogado, tinha um escritório, e toda vez que o filho vinha com a conversa, o demovia da ideia, dizendo que seria muito mais fácil para ele seguir a mesma profissão. "Você já vai ter emprego quando se formar!", argumentava. A mãe chegou a dizer que daria um carro ao adolescente se ele passasse no vestibular de Direito.

Esse rapaz chegava angustiado ao meu consultório. Os pais falavam dele para os amigos, já contando que o filho seguiria seus passos. Tinham planejado até a especialização que ele faria, Direito Tributário. Por sorte, esse adolescente resolveu fincar o pé na ideia de fazer Engenharia. Os pais não o apoiaram e passaram a conversar menos com ele. "Você sabe que não vai ganhar o carro, não é?", a mãe dizia. Quando viram que o adolescente não ia mudar de ideia, passaram a concentrar os esforços no filho mais novo, de 15 anos. O mais velho, que estava acostumado a ter todas as atenções, virou o patinho feio da família. O mais novo, entendendo o que tinha acontecido com o irmão e com medo de desagradar os pais, adotou o papel que esperavam dele.

Fazer chantagem emocional para que o filho seja como você quer é desrespeitoso e antiético. Uma receita certa para o desastre. Conheço muitos casos de adultos que seguem à risca um script que não faz o menor sentido em suas vidas. Essas pessoas, quando conseguem desenvolver força psíquica interna, acabam mudando de profissão e retomando a vocação que tinham deixado de lado, mas quanto tempo perderam no meio do caminho, não é mesmo? É importante aceitar seu filho. Ajudá-lo a fazer boas escolhas não é impor suas opções. Quando você valoriza as qualidades do seu filho, sejam elas quais forem, ele se sente amado, apoiado, valorizado. Do contrário, fica com uma sensação de desamparo muito nociva. Eu lembro quando escolhi Psicologia, há mais de quarenta anos – uma profissão muito pouco aceita e até mesmo reprovada por muitas pessoas. Hoje, faço parte de uma turma pioneira, que fez da Psicologia no Brasil uma categoria de respeito.

As duas palavras-chave para identificar a família expulsiva talvez sejam expectativa e identificação. Todos nós escolhemos parâmetros para nos relacionar e, nesse tipo de dinâmica, o outro costuma funcionar como espelho e reforço do ego. Muitas vezes, amamos no outro o que gostamos ou gostaríamos de ter em nós mesmos. Nesse sentido, eu faço um convite: que tal desenvolver em si aquilo que admira? Que tal buscar para si a carreira brilhante e o casamento harmonioso que espera para seu filho? Deixe que ele siga os próprios passos, com orientação e muito diálogo. Olhe para ele com carinho, ainda que frustre suas expectativas. Amar é isso: deixar que a pessoa trilhe o próprio caminho e seja especial à sua forma.

A família desorganizada

Essa é a família que não tem hora para acordar, tomar café da manhã, almoço ou jantar e muito menos para estudar, brincar, jogar videogame e ficar grudado no celular. Vez ou outra alguém tenta impor algum tipo de limite, mas não vinga, pois não existe supervisão.

É muito importante que os adolescentes reconheçam o papel de seus pais. Os adultos devem educar, dar disciplina, fornecer valores por meio dos exemplos, tirar dúvidas, acompanhar o desenvolvimento emocional e intelectual, entre outras tarefas. Quando não existem papéis definidos, ou seja, quando não acontece uma força-tarefa para que façam tudo em conjunto, estamos diante de uma família desorganizada.

É aquela típica família em que os jovens não sabem o que esperar de seus pais, pois uma hora educam, outra abrem mão, num comportamento errante que causa confusão emocional nos filhos. Educar é uma tarefa que exige constância, sobretudo porque a função dos pais na formação da estrutura psíquica dos filhos é algo construído lentamente e sedimentado ao longo dos anos. Se os papéis não são definidos e claros, se as mensagens são dúbias e o comportamento muda a cada momento, o resultado é a insegurança dos filhos. Como eles podem esperar ser cuidados dessa forma? Como agir se os pais passam mensagens muitas vezes desencontradas e contraditórias?

Certa vez, em plena sala de aula, um aluno tirou da mochila a escova de cabelos da mãe, a agenda da irmã mais velha que fazia cursinho e uma conta de luz vencida. Como tudo isso foi parar entre as coisas do garoto? Que confusão! Esse é aquele aluno que um dia leva lanche para a escola e no outro não tem nada para comer, um dia vem de banho tomado e em outros com o cabelo ensebado.

"Onde está meu caderno?", pergunta a garota. "Acho que está no banheiro", responde a empregada. "No banheiro?" "Sim, seu irmão estava desenhando nele." "Quem mandou pegar meu caderno? Que droga, essa casa é uma verdadeira bagunça!", grita a jovem procurando suas coisas.

A família desorganizada é aquela que em que a casa, a cabeça e as emoções também são desorganizadas. Quem manda e dá bronca ora é a empregada, ora é a irmã mais velha e ora não é ninguém. A mãe não tem hora para chegar, pois sai do trabalho sem compromisso de voltar logo para casa, um dia vai para a academia e outro vai até a casa de uma amiga O pai chega tarde ou cedo? Sei lá! Os filhos nunca sabem quem vai estar em casa se for preciso tomar qualquer decisão. As pendências vão se acumulando. O menino está dormindo no sofá, de uniforme, às dez horas da noite, quando chega a mãe dando bronca porque ele ainda não tomou banho.

Vamos a um exemplo simples. O que significa organização? Cada coisa no seu lugar, certo? E desorganização? É ter de tudo espalhado, procurar e não achar nada. Não há horário nem rotina, os papéis não existem.

Desde sempre, os filhos precisam de algumas coisas que não mudam com o passar do tempo: amor, rotina, disciplina, limites, compreensão, oportunidades, atenção, cuidados básicos de alimentação, higiene. Então, não tem segredo: "quem ama educa", já dizia Içami Tiba.

Pensemos na dinâmica de uma empresa. Para que o trabalho flua, não é preciso que cada um cuide de sua área de forma organizada? O organograma mantém as pessoas certas no lugar certo. Exige-se pontualidade, a rotina de trabalho tem constância e tudo deve passar por planejamento e acompanhamento. Em educação não é muito diferente. A flexibilidade precisa ser maior, pois aqui estamos falando de adolescentes e não de profissionais, produtos ou serviços, mas, da mesma forma, para ter bons resultados, é preciso haver compromisso.

Os filhos de qualquer idade precisam de estabilidade para crescer e se desenvolver saudavelmente. Na família desorganizada isso fica comprometido.

A família funcional

Por último, vou falar de uma dinâmica familiar que, sempre que a cito em minhas palestras, chamam de família "comercial de margarina". Nem vou dedicar uma parte inteira a ela, pois quem vive essa dinâmica familiar tiraria dez, se houvesse uma prova sobre este livro. É a tal "família funcional", em que existe hierarquia, diálogo e limites. A autoridade dos pais não é rígida, mas firme, e quanto mais os filhos crescem, mais tende à horizontalidade das relações. A família vive com estrutura, respeito, reconhecimento, os pais funcionam como bons modelos de conduta e cumprem seus papéis, sabem dividir as tarefas e a comunicação é o ponto alto entre o casal e com os filhos.

É uma família estruturada, em que seus membros convivem de forma saudável. A família funcional não é fruto de um milagre, mas uma construção diária, passo a passo. Pais de famílias funcionais sabem reconhecer problemas e antecipar as dificuldades de seus filhos, entendem o que eles precisam, não se colocam à frente da necessidade dos adolescentes.

Não é fácil nem difícil ter uma família funcional e, na verdade, independe de o casal viver junto, o pai ou a mãe viverem sozinhos com os filhos. Ou seja, não é preciso ser a tal "família margarina", mas uma família com papéis claros e definidos. A autoridade do lar é exercida pelos adultos, e isso não significa que sejam autoritários. Pelo contrário, existe muita conversa, combinados e compreensão. Os pais sabem ouvir, não fazem tempestade em copo d'água, veem o filho não como um "aborrescente", que só dá problema, mas como um indivíduo cheio de energia e potencialidades em processo de formação. Sobretudo, esses pais sabem o peso que têm no desenvolvimento dos jovens.

Aliás, esse é o assunto do próximo capítulo do livro: como fazer para o seu filho se tornar um adulto saudável e bem-sucedido. Animado? Então vamos lá!

3. Miniguia para transformar adolescentes em adultos felizes e bem-sucedidos

Precisamos falar sobre tecnologia, pois ela tem definido como os adolescentes se relacionam e mais: como passam a maior parte (se é que não a totalidade!) de seu tempo livre. Atualmente, todos os jovens têm perfis em redes sociais e, a cada dia, surgem novos aplicativos e plataformas que vão tornando os anteriores obsoletos.

É importante que você saiba para que serve cada rede social que seu filho acessa. Algumas são redes de compartilhamento de fotos e vídeos, que são curtidos e comentados pelos usuários, além de permitirem a troca de mensagens. Há diferentes configurações de privacidades: em perfis abertos qualquer usuário pode ver o que a pessoa publica, e em perfis fechados a pessoa receberá solicitações de quem quer segui-la, podendo autorizar ou não que suas publicações sejam vistas. Guarde isso, é bem importante. Quanto às mensagens, o usuário escolhe se receberá mensagens de qualquer pessoa, ainda que não seja conhecida, ou permitir o recebimento depois de checar se conhece o emissor.

Melhor que obrigar o adolescente a ter um perfil fechado, sem fazê-lo refletir sobre isso, é conversar a respeito, começando pelo tipo de fotos que publica e quem pode ter acesso a elas. Se o perfil é aberto, por exemplo, ele ficará mais suscetível a que alguém copie suas imagens e faça delas o uso que quiser. Se gosta de publicar fotos do animal de estimação, da natureza e de outras coisas similares, não há por que implicar com o perfil aberto. Nesses casos, o adolescente não está se expondo. Talvez ele goste de surfe, por exemplo, e deixe o perfil aberto para que as pessoas possam ver suas fotos sobre o tema antes de resolver segui-lo, pois isso aumenta o número de seguidores. Quanto às mensagens, talvez ele deixe a configuração aberta justamente para conhecer outros adolescentes com gostos em comum, ainda que nunca tenham se visto pessoalmente.

A coisa muda um pouco de figura quando se trata dos famosos *selfies* e, acredite, a maioria esmagadora dos adolescentes é "selfista por natureza". Para pais das gerações mais antigas, *selfie* nada mais é que uma fotografia de si mesmo que agora ganhou um nome descolado. Às vezes a *selfie* é normal, apenas uma imagem simpática do adolescente sorrindo, fazendo pose, ou um sinal de *aloha*, uma saudação comum entre os surfistas e difundida entre os adolescentes em geral. A situação começa a complicar quando as *selfies* mostram partes do corpo, como seios, no caso das meninas, ou o peito nu, no caso dos meninos. Ainda que não seja uma foto só dos seios ou do peito nu, muitas vezes os adolescentes procuram ângulos que valorizem seus atributos físicos. No caso de um perfil aberto, essas fotos podem ser acessadas por qualquer pessoa, de qualquer idade. Se a configuração da mensagem direta também estiver aberta, qualquer um poderá mandar um elogio ou iniciar uma conversa. É aí que pode morar o perigo.

Você deve conversar com seu filho para que ele desenvolva senso crítico em relação a abordagens estranhas. Deve explicar também que é errado um adulto elogiar o corpo de um adolescente, assim como buscar assuntos em comum para envolvê-lo. Como já mencionamos anteriormente, as redes sociais provocam uma confusão sobre o que é público e o que é privado, fazendo com que o jovem às vezes extrapole esses limites. Fique atento às postagens de seu filho e os comentários que elas geram. Verifique se existe alguém mal-intencionado, insistente, fora do convívio social dele e, caso perceba algo estranho, não hesite em interferir. Infelizmente, nem todos os adolescentes têm maturidade para lidar com assédio.

Identifique também se a relação do adolescente com o aplicativo é saudável ou, se para ele, mais vale postar do que viver o momento. Há pouco tempo, a modelo australiana Essena O'Neill, na época com 19 anos, mudou as legendas de suas fotos no Instagram. Antes ela colocava frases motivacionais ou algum comentário positivo sobre a imagem. Passou então a descrever o tempo e as condições em que havia tirado a foto. Em algumas, na praia, havia passado frio por horas para ganhar os "likes" de seus seguidores. O que percebeu, na vivência do aplicativo, é que as fotos consumiam um tempo precioso e que, muitas vezes, ela havia até sofrido para suprir as expectativas dos outros. Que tal contar a história de Essena para seus filhos?

Há outra funcionalidade bastante útil nos aplicativos. Ao seguir o adolescente, é possível saber o que ele curte. Assim você terá uma ideia de como ele tem usado a rede, os comentários que tem feito e até de quanto tempo fica conectado. Apenas tome cuidado para não virar um/a *stalker*, termo utilizado pelos jovens para quem checa tudo o que alguém faz nas redes sociais.

Faça isso de tempos em tempos, para checar o nível de maturidade do seu filho, mas não restrinja a liberdade dele em postar e comentar sem ser cobrado por qualquer coisa. Um exemplo para ficar mais claro: seu filho curte todas as fotos de determinada moça. Em vez de perguntar se está a fim dela, invadindo sua privacidade, que tal construir uma relação em que ele tenha liberdade e vontade de compartilhar seus sentimentos com você? É muito mais legal, não é?

Um aplicativo que faz muito sucesso é o YouTube, usado para o compartilhamento de vídeos. Muitos jovens são ou querem ser "YouTubers", pessoas que têm um canal no site e que postam vídeos sobre temas específicos e variados. Antes de torcer o nariz, pense que isso, feito da maneira correta, pode ser muito legal. É um espaço em que o adolescente pode falar sobre diversos assuntos, divagar sobre a vida e interagir com quem comenta. Que tal, de repente, sugerir que sua filha esportista fale do esporte que pratica? Ou que seu filho que gosta de escrever comente sobre suas crônicas?

É bom deixar claro que nem tudo precisa ter uma utilidade também. Diversos canais no YouTube são de jovens falando coisas corriqueiras, engraçadas e isso faz parte da vida. Em vez de implicar, talvez seja mais interessante perguntar ao seu filho de que canais ele gosta. É bem capaz de você dar muitas risadas com o que ele assiste. Assistir aos canais mais populares é uma forma, inclusive, de entender como os jovens pensam e quais os temas de interesse. A relação de vocês pode ficar muito mais interessante se perceberem que têm gostos em comum.

O YouTube me parece menos perigoso que outras redes sociais, no sentido de que a posição do espectador geralmente é passiva. O foco está em assistir e compartilhar vídeos com os amigos. Pouca gente comenta em comparação ao número de pessoas que assiste, e a ideia não é exatamente estabelecer uma conversa a partir de um comentário. Ainda assim, fique atento, em especial, nos canais sobre games. Alguns jovens passam horas jogando e transmitindo suas partidas, e chegam a se esquecerem de estudar e entregar trabalhos escolares, até que acabam repetindo de ano. Há casos até mesmo de morte de adolescentes, que passaram dias seguidos jogando sem dormir ou se alimentar. Mais uma vez eu digo: observem seus filhos!

Em outro aplicativo, os usuários podem tirar fotos, gravar vídeos, adicionar textos e desenhos e determinar o tempo que a imagem ficará disponível, até que seja automaticamente apagada do dispositivo e dos servidores. Alguns jovens aproveitam essa funcionalidade para postar nudes ou falar sobre temas que não gostariam de deixar registrados. Acontece que é possível tirar um *printscreen*, ou seja, uma foto da tela, então, outro usuário pode manter e compartilhar tal imagem. Seu filho provavelmente sabe disso, já que os adolescentes entendem muito mais de tecnologia do que a gente, mas é bom conversar com ele a respeito das consequências que o uso indevido de sua imagem pode ter.

"E os aplicativos de mensagem, Mariangela? Meu filho participa de diversos grupos!" Sim, há vários deles, usados para o envio de mensagens escritas e de voz, vídeos, fotos e documentos. A ligação telefônica é encarada pelos jovens como algo muito pessoal e até ultrapassado; eles preferem os áudios, que ouvem na hora que acham melhor. Conseguem também se comunicar com mais de uma pessoa ao mesmo tempo, nos grupos fechados.

"Devo me preocupar, então?" Eu sempre respondo que os aplicativos em si (pelo menos a maioria deles) não costumam ser o problema. O que importa é a utilização que se faz deles. Como seu filho se comporta virtualmente não é culpa do aplicativo X ou Y. Aliás, culpa nem é a palavra certa. As noções de limite, privacidade, respeito ao próprio corpo e ao corpo do outro, assim como o envolvimento em relações abusivas passam pela educação no lar, na escola e pelas vivências e desenvolvimento emocional do seu filho.

Agora, algumas práticas nas redes sociais são, sim, perigosas. Não sei se você se lembra, mas, recentemente, grupos secretos em redes sociais elaboraram um jogo chamado "Baleia Azul", que causou a morte de cerca de 130 adolescentes pelo mundo. O jogo tinha desafios que aprofundavam a depressão e incentivavam os adolescentes a se mutilar e, ao final, se matar. Esses jovens estavam em seu estado normal quando resolveram participar? Não, e os pais deveriam ter percebido isso. No entanto, isso não tira a gravidade do uso das redes sociais. Elas podem incentivar tanto para o bem quanto para o mal e cabe ao adulto fazer essa avaliação.

Quanto tempo por dia seu filho passa no computador? E no celular? Ele consegue comer sem checar se recebeu alguma notificação? Aliás, você também tem o hábito de ficar checando o celular o tempo todo? É aquela velha história dos modelos de comportamento: se você dá um exemplo ruim, como quer que o adolescente aja de outra forma? Já atendi pais na escola ou no consultório em que foi preciso pedir que desligassem o celular. Precisamos reconhecer que a internet nos alienou um pouco. É muito raro almoçar ou jantar com alguém sem que, em algum momento, a pessoa não olhe o celular. Por que isso? Por que não conseguimos aproveitar plenamente a companhia do outro? E, mesmo quando estamos sós, por que não conseguimos desfrutar apenas de nossa própria companhia?

Em parte pela falsa sensação de estar sendo ouvido e notado o tempo inteiro nas redes sociais. Digo falsa porque, com tantas opções, o nível de atenção das pessoas tende a diminuir e, muitas vezes, tem-se a impressão de estar acompanhando a vida do outro, mas de longe, sem o olho no olho, sem o toque, sem a convivência próxima. Ao mesmo tempo em que a internet aproximou fronteiras, permitindo que nos comuniquemos com pessoas em qualquer lugar do mundo, ela também fragmentou nossas formas de convívio. Isso não significa que todas as relações mantidas na rede sejam superficiais, claro. A internet, no entanto, virou um segundo mundo, com regras próprias, e muitas vezes curtir a postagem de alguém passa a ser mais importante que conviver com ela de fato.

Qual será o impacto disso na vida dos adolescentes? Ainda não sabemos, mas devemos ensiná-los a tirar o melhor partido da tecnologia. Ela é importante, mas não a ponto de ocupar todos os momentos livres e até os não livres, por exemplo. Sou muito a favor de que se estipule um tempo de uso para os jovens. Duas horas por dia me parece o suficiente. Outro questionamento: será que alguém com menos de 11 anos precisa de fato de um celular? E ainda por cima um de última geração? O que ensinamos aos nossos filhos quando eles passam mais tempo no mundo virtual do que no real? O que eles aprendem quando ganham um celular caríssimo sem necessidade?

Ah, precisamos abordar também o controle de acesso ao conteúdo dos navegadores (Google Chrome, Mozilla, Internet Explorer etc.). Essa é uma questão complicada, pois há formas de navegação que não deixam rastros. No entanto, existem programas que conseguem bloquear o acesso a determinados conteúdos. Vale dar uma pesquisada. A questão é muito complicada, pois seu filho não tem acesso à internet apenas no próprio computador ou celular. Existe sempre o computador ou o celular de um amigo, por exemplo. Atendi um adolescente que mantinha um celular escondido da mãe para escapar da supervisão.

Posso parecer repetitiva, mas novamente: o segredo é a educação e a conversa, não tem jeito. Essa é a melhor estratégia para você ficar tranquilo. Cuidado também para não passar do ponto e controlar demais. Buscar conteúdos eróticos é um comportamento comum do adolescente e até mesmo da maioria dos adultos. É natural a curiosidade deles, a descoberta da sexualidade, mas pode virar um problema quando o jovem desenvolve algum tipo de fixação. Supervisione o que seu filho assiste, mas não invada a privacidade dele nem o julgue por isso, pois o máximo que você conseguirá é que ele se sinta culpado em relação ao próprio desejo. Então converse e oriente para que não vá além de curiosidade e ponto.

O sexo, aliás, tem sido muito utilizado no *bullying* entre rapazes e moças. *Bullying* é um termo que significa humilhar, diminuir e expor alguém ao ridículo, causando retraimento e sofrimento psíquico na vítima. Infelizmente, ouvi muitos casos de fotos vazadas e vídeos compartilhados sem permissão. E não só de sexo, mas de situações vexatórias em geral. Geralmente quem pratica o *bullying* quer se afirmar diante do grupo, utilizando, para isso, outra pessoa. É um jogo de poder e humilhação que não deve acontecer. Se alguém está sofrendo, não é mais brincadeira: é *bullying*. Esse é um bom critério para avaliar se o seu filho está passando pela situação, se precisa de ajuda e proteção.

Eu sei que devo ter leitores das gerações mais antigas, menos antenados em todas essas novidades que contei. Leitores que, de repente, por um motivo ou outro ficaram responsáveis pela educação dos netos, por exemplo. Acontece que, para avaliar o uso da internet, é preciso entender um pouco como ela funciona. Os mais velhos às vezes têm medo de tentar, sentem-se como peixes fora d'água no mar da tecnologia. Peço que se deem a chance e experimentem. Os netos podem inclusive ajudar, ou é possível procurar um cursinho de informática básico ou um professor particular.

Não existe exatamente uma fórmula de uso da internet. Cada caso é um caso, e os pais têm a responsabilidade de adquirir desenvoltura e sensibilidade para monitorar seus filhos. Alguns adolescentes precisam de mais monitoramento; outros, menos. O rapaz que posta fotos de surfe e da natureza não deve ser tratado como o que manda nudes e vídeos com conteúdo íntimo. Para cada caso existe um limite.

Esse é um ótimo gancho, por falar nisso. Vamos tratar agora de limites. Está preparado?

As três dimensões do limite: respeitar fronteiras, transpor fronteiras, respeitar a privacidade

No livro *Limites: três dimensões educacionais*, o psicólogo e educador Yves de La Taille faz muitas reflexões interessantes. Ele conta que é preciso ensinar os adolescentes a respeitar limites, transpor limites e lidar bem com a fronteira da intimidade. Vamos, no entanto, retroceder um pouco nessa conversa, pois a maioria dos pais têm dificuldades em colocar limites. Mesmo os que colocam, às vezes o fazem de modo inapropriado e pouco eficiente.

Você possivelmente sabe quais limites não quer que seu filho ultrapasse e, nesse ponto da leitura, espero que já saiba identificar se esse limite de fato é o melhor para o seu filho ou fruto apenas de um desejo seu de se sentir mais confortável. Mas, vamos lá, sei que você é um leitor comprometido, então vamos partir do pressuposto de que os limites que você estabeleceu são absolutamente necessários. Qual o próximo passo? Fazer uma lista para seu filho cheia de "nãos"? E, se ele argumentar, responder com: "Porque eu estou mandando"? Calma, desse jeito não vai funcionar.

Existe uma diferença muito grande entre autoritarismo e autoridade. Autoritarismo é quando se usa de poder para se impor sobre o outro; autoridade é quando o outro o reconhece como referência e modelo, ouvindo e geralmente acatando seus pontos de vista. Enquanto o autoritário ignora ou cala a voz do outro, fechando-se em seus pontos de vista, quem possui autoridade escuta, reflete, possui sabedoria e discernimento e por isso mesmo é ouvido.

O autoritarismo é uma péssima ferramenta educativa, pois diminui o adolescente. Ele se sente impotente diante de quem exerce o poder sem nem sequer ouvir seus argumentos. Esse tipo de comportamento pode gerar sensação de rejeição, humilhação, revolta e raiva. O jovem, diante de um adulto autoritário, pode até acatar momentaneamente suas decisões, mas, na primeira oportunidade, faz o que gostaria de fazer. Há casos de rapazes e moças que passam a mentir para pais e mães autoritários. Mentem por medo e por acharem que não podem falar a verdade, pois, além de não serem ouvidos, possivelmente serão punidos de forma severa.

Certa vez atendi um rapaz de 15 anos que mentia compulsivamente para o pai. Este, por sua vez, havia implicado com um dos amigos do adolescente e proibido que saíssem juntos. O jovem disse ao pai que havia acabado a amizade, mas mentiu. Ia para a casa do amigo e dizia que estava em outros lugares. É o tipo de mentira que pode ser perigosa, pois se alguma coisa acontecer, esse pai procurará o filho nos lugares errados. Quando perguntei ao pai como havia sido a conversa, ele me disse: "Não vou com a cara do rapaz, tem alguma coisa nele. Então falei para o meu filho que ele não poderia mais andar com ele, senão eu cortava a mesada". "E que justificativa você deu para o seu filho sobre essa sua decisão?" "Nenhuma. Enquanto ele viver sob o meu teto e comer da minha comida, quem manda sou eu".

Essa história tem ao menos dois problemas. Primeiro, o pai não se questionou sobre o porquê de implicar com o amigo do filho. Se tivesse se questionado e encontrado um argumento plausível, poderia conversar com o filho a respeito, pois essa é uma questão primordial: explicar por que o adolescente está sendo proibido de fazer algo. O segundo problema é a chantagem relacionada à mesada. Os filhos devem entender os limites como algo que não devem fazer pelo bem deles e não em troca de um privilégio ou para se livrar de uma punição.

Acabei de me lembrar de uma experiência que tive em sala de aula. Era uma turma de sétimo ano bem agressiva. Os alunos viviam brigando e provocando confusão, a ponto de os professores precisarem interromper as aulas. Perguntei a eles o que era habilidade social e me responderam que era "fazer bem as coisas", "ser legal com as pessoas", "estar num ambiente bom". Disse então: "Vocês se batem e se xingam. Onde está a habilidade social desta turma?". Sugeri a eles que fizéssemos a receita do bolo do bom relacionamento para que pudessem construir a habilidade social da turma.

Esse é um exercício muito legal. Pedi que escolhessem ingredientes para a massa, o recheio e a cobertura e fui anotando no quadro negro tudo o que diziam. Surgiram palavras como compreensão, bondade, paciência e solidariedade. A partir delas, resolvemos montar um código de ética que seria uma baliza para o comportamento dos alunos. Houve debate, opiniões e, no final, todos chegaram a um acordo.

Essa construção coletiva foi importante para que os adolescentes passassem a respeitar os limites, pois como todos foram ouvidos, sentiram-se participantes e com voz. Antes da atividade, um tentava se impor sobre o outro a qualquer custo. Depois, as brigas diminuíram muito e, quando aconteciam, os professores lembravam o código de ética e tudo se resolvia mais facilmente. O fato de eles mesmos pensarem nos limites que deviam ser estabelecidos fez com que os percebessem não como uma imposição, mas como algo que fazia sentido. É o que o educador Yves de La Taille explica no livro que citei. É necessário ensinar a importância e o porquê do limite com a participação do adolescente.

Igualmente importante é o segundo ponto que ele cita: transpor limites. Não se trata de o jovem transgredir os limites estabelecidos e sofrer prejuízos, pelo contrário. Nesse caso falamos de algo que é desconfortável para o jovem, mas que ele precisa superar para avançar em seu desenvolvimento. Lembra a história do sequestro relâmpago do meu filho? Algum tempo depois, mesmo ainda um pouco traumatizado, ele teve de superar o limite do medo e voltar a ir sozinho aos lugares. Transpor limites é sair da zona de conforto ou até mesmo tentar fazer algo sem ter certeza de ser capaz. Desde que nascemos transpomos fronteiras. Andar é um ótimo exemplo. Quando os pais impõem limites demais, deixando a criança muito tempo na cadeirinha, seu desenvolvimento pode demorar mais para acontecer. O mesmo ocorre com o adolescente, pois, se existirem muitas restrições impostas, ele não terá espaço para experimentar novas formas de fazer as coisas. Eu diria até que o excesso de limites tende a infantilizá-lo, gerar ansiedade e baixar a autoestima.

Lembro-me do caso de uma moça de 15 anos que era obrigada pela mãe a dormir às oito horas da noite, horário em que costumava se deitar quando criança. Era um limite desnecessário, que a infantilizava. A mãe costumava checar se ela já estava dormindo e, não raramente, encontrava a adolescente ouvindo música com fone de ouvido e brigava com ela. A menina, aos 15 anos, não conseguia nem negociar seu horário de sono e, por isso, ficava muito frustrada e ansiosa. Ela queria ver filmes, os programas a que os amigos assistiam, e alguns dos limites impostos pela mãe dificultavam sua socialização.

Quando falo de transpor limites estou falando também de crescimento interno. Yves de La Taille chamou de excelência a capacidade de buscar ser melhor a cada dia. Isso precisa ser incentivado nos jovens, sobretudo numa cultura tão competitiva quanto a nossa. Em vez de querer ser melhor que o colega, gerando uma angústia que às vezes até magoa e humilha o outro, talvez devêssemos mostrar que o parâmetro de desenvolvimento e evolução deve ser o próprio jovem. Ele é sua própria medida. Se sabe X num dia, pode saber X + Y no outro e assim por diante.

Para chegar à excelência é preciso aprender a conhecer, a fazer, a conviver e a ser. Aprender a conhecer é saber buscar o conhecimento nos lugares certos e adquirir as ferramentas necessárias para ser sábio intelectual, emocional e espiritualmente. Pais e professores podem e devem guiar os adolescentes nesse sentido, apresentando questões, discussões e oferecendo referências e repertório.

Uma coisa que me preocupa nos dias de hoje é que as redes sociais e as provedoras de filmes e séries via streaming, como a Netflix, passam a ser o único manancial de cultura e conhecimento além da escola. Os jovens às vezes não sabem fazer distinção entre o que é ou não uma fonte confiável de informação, no caso das redes sociais. Quando não se desenvolve um senso crítico sobre as notícias em geral, tende-se a "comprá-las" muito facilmente, o que é prejudicial à evolução intelectual.

Já sobre a TV, quem nunca fez uma maratona assistindo a uma temporada inteira de uma série num final de semana? Quantos de vocês admitem que só assistem a seriados e nem se lembram da última vez em que procuraram um filme menos comercial ou uma boa peça de teatro? Eu adoro séries e não existe nenhum problema em assisti-las, mas quando se tornam a única referência de cultura dentro de casa, algo deve estar errado, pois um repertório amplo passa por diferentes plataformas artísticas, não só o audiovisual.

Não à toa, as pessoas têm lido cada vez menos, pois a leitura exige do cérebro uma participação muito ativa. Por mais que um livro forneça, por exemplo, a descrição dos personagens, ainda assim o leitor precisará criá-lo em sua cabeça. No audiovisual a imagem é dada. Principalmente nos filmes comerciais, tudo é entregue de forma bem mastigada para o espectador. Se pensarmos nas grandes obras artísticas, de cineastas, pintores e escritores, por exemplo, veremos que sua proposta estética costuma exigir mais participação, intervenção, reflexão.

Quando o adolescente tem acesso à cultura que faz pensar, ele fica muito mais apto a conectar pontos e estabelecer novas conexões de pensamento. Então, que tal incentivar seus filhos a ler um clássico ou levá-lo a peças e exposições com propostas interessantes? É claro que ele pode ver filmes comerciais e se divertir, sem dúvida, mas existe uma dimensão da arte que vai além do entretenimento. Uma dimensão que chama a construir o sentido e a inteligência e não apenas se atém à mera fruição. Isso faz parte de aprender a conhecer.

Quando se adquire conhecimento é hora de ir para a próxima etapa: aprender a fazer. Seja uma tarefa da escola ou ir sozinho aos lugares, é fundamental que o adolescente desenvolva autoconfiança e autonomia. Se os pais fazem tudo por ele, esse aprendizado fica prejudicado. É interessante que você fique atento às possíveis dificuldades que seu filho possa ter na realização de uma tarefa. Aí entra a sua experiência para pensar em soluções e ajudá-lo a superar os desafios.

Aprender a conviver é outro passo importante no processo de desenvolvimento. Tenho notado que, com o crescimento do individualismo, as pessoas têm tido dificuldade em prestar atenção no outro e escutá-lo. Talvez precisemos recuperar um pouco a prática da escuta atenta. Só assim é possível desenvolver a empatia. Conviver bem é reconhecer a felicidade e o sofrimento do outro, ajudá-lo, apoiá-lo, fazer parte de forma ativa e interessada.

De vez em quando, converse longamente com o seu filho. Quando não tiver muito tempo, pergunte pelo menos como foi o seu dia e escute o que ele tem a dizer. Saiba o que ocorre em seu grupo de amigos – desde que ele queira te contar, é claro – e perceba se existem entraves nos quais você pode ajudar. Toda convivência é um teste, pois conviver é colocar o próprio mundo e o mundo do outro em contato e, em algum momento, podem surgir arestas.

Perceber se a aresta é um limite é essencial para que seu filho não se envolva em relacionamentos abusivos. Ele precisa identificar problemas de relacionamento, entender o ponto de vista do outro, perceber se o que faz magoa as pessoas e o porquê e, por último, avaliar se é necessário mudar de atitude para que seus relacionamentos sejam cada vez mais sólidos e saudáveis. Há também a possibilidade de que ele precise abrir mão de determinadas relações, sejam amigos, sejam parceiros amorosos, pois saber quando algo ou alguém já não nos acrescenta é muito importante para a vida adulta.

Em qualquer relacionamento é preciso saber se posicionar. Muitas vezes, por amor ou amizade, deixamos de lado nossas crenças mais profundas. Mesmo tendo a noção de certo e errado, acabamos cedendo e sentimos, lá no fundo, que estamos nos violando de alguma forma. É preciso ser forte e ter muita clareza do que se é para construir histórias bonitas, duradouras e saudáveis. Devemos ceder porque é melhor para os dois ou porque, de repente, o outro nos apresentou bons argumentos. Ceder apenas para ser amado é uma estrada perigosíssima. Deixar de se posicionar quando o outro abusa, também.

Atendi uma menina de 16 anos que era execrada na escola apenas porque jogava vôlei mal. Ela fazia tudo o que os "amigos" queriam, cedia constantemente para que gostassem dela, roubavam as coisas dela e ela não reclamava. Quanto mais ela cedia, mais abusavam. Essa moça acabou entrando em depressão porque não sabia se posicionar. Ela não tinha ainda muita clareza das próprias qualidades e de quem era, e por isso dependia muito do olhar do outro. Como esse olhar era negativo, acabou interiorizando-o e tomando-o como verdade absoluta.

Tive outro caso menos grave, de um menino de 15 anos. Os colegas costumavam excluí-lo dos trabalhos em grupo. Toda vez que o professor passava uma tarefa coletiva, ele precisava praticamente implorar para que o aceitassem. Era claro que havia ali um sério problema de convivência e desrespeito a limites. Pedi que o rapaz transformasse as almofadas em seus colegas e perguntei a ele o que diziam.

"Você é muito burro, não se concentra", "Você não sabe nada!", foram algumas das frases que surgiram.

Eu poderia ter "comprado" a versão de vítima do rapaz, mas foi preciso agir de forma diferente. O mundo, muitas vezes, é um lugar hostil e os adolescentes precisam lidar com essa realidade. Uma coisa é o *bullying*, que causa transtorno psíquico e deve ser combatido, e outra são as situações de confronto que podem ensinar alguma coisa. Ao contrário do *bullying*, que costuma ser generalizado e acontecer com certa frequência, as situações de confronto costumam ser específicas – nesse caso, durante os trabalhos em grupo.

Pedi ao adolescente que prestasse atenção às frases ditas por seus colegas. Deixei claro que ele não era burro, mas perguntei se ele sentia dificuldade em se concentrar. Ele me respondeu que, quando estava em grupo, ficava empolgado e queria conversar sobre outras coisas. "Mas isso não atrapalha o trabalho?", questionei. Ele admitiu que sim. Muitos de seus colegas ainda precisavam de nota para passar de ano e os trabalhos de grupo do último trimestre seriam fundamentais para isso.

O adolescente brincalhão era, na verdade, muito inteligente, pois não corria o risco de ficar em recuperação. "Mas e se você precisasse da nota e as pessoas ficassem te atrapalhando?", perguntei. Pela primeira vez ele entendeu que estava prejudicando os outros e que, por isso, era alvo de hostilidade. A partir daí, passou a respeitar os colegas e a participar ativamente das tarefas. Inclusive passou a ajudá-los, tornando-se uma espécie de monitor e líder natural da turma. A energia do adolescente, que antes estava deslocada para algo ruim, foi canalizada para seu próprio bem e o dos amigos. A hostilidade acabou.

Eu diria que esse rapaz só pôde fazer essa mudança de comportamento por entender que podia usar suas habilidades em prol da convivência. Isso é aprender a conhecer, a ser, a detectar o que há de especial em nós e colocar esse potencial a serviço do mundo e de nossa própria evolução. Você tem ajudado seu filho a se conhecer cada vez mais, a ser cada vez melhor? A trabalhar sua excelência como ser humano?

Excelência é diferente da perfeição, pois podemos ser excelentes apesar de nossos erros, defeitos, falhas. Excelência não é um fim, mas sim uma eterna busca. Mas como educar para a excelência se, parafraseando o escritor português Fernando Pessoa, nós vivemos tão distraidamente de nós mesmos? Precisamos saber quem somos e ensinar nossos filhos procurar saber quem são para se tornarem protagonistas da própria vida.

As cinco habilidades essenciais para seu filho ser bem-sucedido

Estamos entrando na última parte do livro e confesso que vou ficar com saudade. Essa parte tem a ver com tudo de melhor que posso desejar a você: que seu filho cresça como um ser humano pleno, saudável e feliz na maior parte do tempo. Sim, porque as dificuldades e certa dose de infelicidade temporária fazem parte de nossa experiência na terra. O importante é não sucumbirmos ao que de ruim nos acontece e permanecermos avançando. Para isso, é necessário adquirir certas habilidades.

Capacitação

A primeira delas é a *capacitação*, ou seja, "ser capaz de". Isso tem a ver com o aprender a conhecer, mas também se refere a desenvolver a força interna, a acreditar na própria habilidade, mesmo quando não se acerta de primeira. Capacitar-se é cercar-se do que é preciso para fazer alguma coisa e ter em mente que não detemos todo o conhecimento. Essa, inclusive, é a postura ideal para a aprendizagem. Devemos fazer muitas perguntas antes de chegarmos a conclusões. Precisamos duvidar do que sabemos, buscar outros pontos de vista e mesmo novos ângulos a partir dos quais olhar.

Atendo muitos jovens que chegam ao consultório duvidando da própria capacidade. Eles até buscam a capacitação, mas se mostram hesitantes, amedrontados, intimidados até. "Não vou dar conta", dizem. A primeira coisa que faço é oferecer um reforço positivo, dizendo que vão dar conta sim. Mostro a eles suas qualidades e discutimos juntos os passos para essa capacitação. Às vezes, o jovem tende a olhar o espectro geral do desafio que tem pela frente e fica paralisado. O que podemos ensinar é que ele olhe de outra forma.

Isso acontece muito com o vestibular, por exemplo. Eles chegam com um programa de estudo gigantesco e sentem medo diante da pilha de livros, matérias e testes. Nesse caso, peço que esqueçam um pouco do volume do material a ser estudado e se concentrem no que devem aprender na próxima semana. Ajudar o jovem a se capacitar tem a ver com o estabelecimento de metas realizáveis a curto, médio e longo prazo. Não basta dizer que tem de estudar e pronto. Falar: "Você tem muita coisa pela frente", muitas vezes só os deixa mais ansiosos.

Trabalhe também a partir da capacidade psíquica do seu filho. Agir dessa forma é agir com inteligência emocional. Em vez de deixá-lo ansioso e assustado, diga que você o apoiará e que ele está à altura do desafio de sua capacitação acadêmica. Aulas particulares podem ajudar a que ele dê conta de todo conteúdo.

Você não precisa saber tudo nem ter as capacidades que seu filho precisa desenvolver, mas deve procurar colocá-lo em contato com quem sabe ou em situações em que possa aprendê-las. Ser pai e mãe é também ser uma espécie de mentor e gestor das capacidades do seu filho. Tarefa intimidante, mas absolutamente necessária! Não se esqueça de que a capacitação deve acontecer de forma ampla, para que ele possa transitar com eficiência nos diversos campos da vida.

Ele precisa se capacitar para ser um bom profissional futuramente, para fazer amigos, para amar e ser amado, para cuidar do corpo, da mente e do espírito. Deve ser capaz de desenvolver uma ética em suas relações que lhe sirva de baliza para as decisões mais importantes da vida. A capacitação psíquica, por sua vez, servirá para que peça ajuda quando necessário e lide com as inevitáveis perdas e frustrações da melhor forma possível.

Eu sempre indico algumas atividades que desenvolvem habilidades gerais. O esporte, por exemplo, ajuda o adolescente a conhecer melhor seu corpo e a mantê-lo em forma. Ensina também a trabalhar em equipe, a respeitar o papel do outro e a ouvir quem tem mais experiência. Por meio dele, o jovem também aprende a lidar com as derrotas, a identificar os erros e o que fazer para melhorar da próxima vez. Ganha-se também no aprendizado da disciplina, por causa dos treinos, e aprende-se a avaliar o próprio desempenho. Em vez de deixar seu filho diante de videojogos e simuladores de futebol o dia inteiro, que tal incentivá-lo a se inscrever num time de verdade?

O teatro é outra atividade bastante interessante, pois exercita a criatividade, a concentração e permite ao adolescente vivenciar diferentes papéis ao colocar seu corpo e sua voz a serviço dos personagens. Rapazes e moças muito tímidos costumam melhorar muito suas habilidades sociais com aulas de teatro. A dança também estabelece uma nova relação com o corpo, mais solta, despojada, desde que não vire praticamente uma obrigação profissional desde cedo. Conheço mães que colocaram as filhas em escolas muito rígidas de balé, o que tirou todo o prazer e o encanto da atividade.

E música? Já pensou em sugerir ao seu filho que aprenda a tocar um instrumento musical? Ele desenvolverá a concentração, a coordenação motora, a sensibilidade, a criatividade e o senso de improvisação, além de fazer sucesso na roda de amigos! Se ele gostar da ideia, com o tempo pode criar um canal no YouTube para mostrar sua evolução, ou organizar uma festa com música ao vivo!

Os grupos religiosos também são espaços muito interessantes de convivência. Existem grupos de jovens em quase todas as religiões e é muito bonito ver como a fé e a espiritualidade têm o poder de construir laços duradouros. Seu filho pode ter contato com bons valores e condutas de vida e mesmo com famílias interessadas em desenvolver a espiritualidade. Estudar a Bíblia, cantar e participar de pequenas viagens e retiros costumam ser programas comuns desses grupos e podem fazer muito bem ao adolescente.

Outra sugestão interessante é a experiência num programa de voluntariado. Seu filho verá que muitas pessoas no mundo nascem em condições sociais menos favorecidas, ou têm problemas de saúde, ou outras dificuldades.

É importante que o adolescente saia de sua bolha, até para desenvolver empatia em relação aos outros. Ele será uma pessoa e um profissional melhor se perceber que a vida é diferente para cada um e puder ajudar dentro de suas possibilidades.

Se o seu filho é mais na dele e não gosta de grupos grandes, não desanime. Pode ser que prefira investir em um curso de artesanato, gastronomia ou em um grupo de leitura. Respeite a personalidade e os interesses dele, sem pressioná-lo a jogar basquete, por exemplo, só porque você gosta do esporte. Entenda quais são as inclinações do jovem e o que ele pode aprender a partir delas. Incentive-o a explorar áreas que não conhece, mas sem forçar a barra. Capacitar é abrir os caminhos, apresentar possibilidades e não oprimir o adolescente com atividades das quais ele não gosta.

Visão estratégica

Outra habilidade essencial para ser bem-sucedido é a *visão estratégica*. Mas, antes, vamos refletir melhor sobre o que significa ser bem-sucedido? Para uma mulher nos anos 1950, por exemplo, ser bem-sucedida significava, possivelmente, ter uma família feliz e um lar bem cuidado. Hoje (ainda bem!), as mulheres têm muitas outras possibilidades. Busque saber o que o seu filho considera ser bem-sucedido antes de impor a ele o que é isso em sua concepção.

Existe, no entanto, uma definição que acredito caber em qualquer visão pessoal sobre o assunto: ser bem-sucedido é estar tranquilo e ter paz de espírito diante da vida e, sobretudo, saber que suas escolhas e decisões fazem com que você avance e evolua. Isso, para um vegano preocupado com as causas ambientais, por exemplo, pode significar ter um trabalho condizente com suas crenças. Possivelmente, ele terá uma postura menos consumista, mais seletiva, e levará uma vida mais simples, sentindo-se muito bem-sucedido com ela. Para um empresário, por outro lado, ser bem-sucedido pode significar ampliar a empresa, fazer com que seus produtos vendam cada vez mais e ele ganhe cada vez mais dinheiro. As metas em ambos os casos são diferentes, mas em minha opinião os dois serão igualmente bem-sucedidos se agirem de forma coerente com o que pensam e se desenvolveram uma visão estratégica para a vida. O que é visão estratégica, afinal?

É não viver distraidamente (citando novamente o talentoso Fernando Pessoa). Para chegar aonde se quer, é preciso traçar o caminho que se deseja seguir, vislumbrar o futuro, elencando os próximos passos para as conquistas, e olhar para trás, para identificar, a partir do que se aprendeu, o que pode ajudar na conquista dos objetivos. Uma pessoa com visão estratégica não é refém das circunstâncias, mas, ao contrário, muitas vezes, as antecipa. Quando por acaso não enxerga a dificuldade que pode vir mais à frente, lida com ela não como algo que soterra seus sonhos, mas como um desafio a ser superado.

O desenvolvimento da maturidade ajuda a construir a visão estratégica. É como desenhar uma linha de ação e traçar algumas possibilidades para colocá-la em prática, de acordo com diferentes cenários. O adolescente pode e deve aprender essa habilidade. Se ele se imagina como um publicitário talentoso no futuro, por exemplo, qual caminho deve seguir? Primeiro, estudar bastante para o vestibular e passar em uma boa faculdade, mas não só isso. Desde já, ele pode mandar um e-mail para algum profissional que admire e solicitar um horário para uma breve entrevista, dando início à sua rede de contatos antes mesmo de entrar na graduação. Nessa conversa ele pode descobrir, por exemplo, que faculdade e cursos esse profissional fez e pedir indicações de livros e documentários. Também pode acompanhar um dia de trabalho ou uma reunião de criação, quem sabe?

Quem tem visão estratégica pensa fora da curva e alimenta-se de tudo que lhe seja útil, sempre colocando um tijolo a mais na construção de seus sonhos. Você pode ajudar seu filho a adquirir essa visão mais ampla. Uma boa ideia é comprar um mural (magnético ou de cortiça) onde afixar uma lista do que ele deseja conquistar – não necessariamente apenas metas profissionais, ok?

A partir dessas metas, vocês podem elencar em que ele precisa se capacitar, ou seja, quais conhecimentos e habilidades são necessários. Tracem, então, alguns planos. Sejam criativos, deixem as ideias fluir sem muito controle. Pessoas que trabalham com a criatividade chamam isso de *brainstorming*, uma reunião em que tudo é anotado, tanto ideias boas quanto ruins ou absurdas. Deixe para editar esse plano num próximo passo. Talvez seja interessante dar um tempo para as ideias assentarem e, enquanto isso, fazer outra coisa. Não sei se a história da maçã de Newton é verdade, mas é uma boa história.

Isaac Newton, astrônomo inglês, alquimista, filósofo natural, teólogo, físico e matemático (sim, tudo isso!) foi um homem muito estudioso. Passava horas e horas desenvolvendo suas teorias até que, num momento de descanso, sentou-se embaixo de uma árvore. Era um dia em que ventava e, de repente, eis que uma maçã cai em seu colo, fazendo com que ele tivesse um *insight*. A partir de uma situação corriqueira como essa, Newton desenvolveu então a teoria da Gravitação Universal, posteriormente transformada em lei da física.

Não é que Newton tenha descoberto a teoria apenas por causa da maçã, claro que não! Ele já vinha se aproximando dessa ideia a partir de seus estudos. A queda da maçã (se é que aconteceu mesmo, há controvérsias) teria sido apenas uma chave interpretativa que veio fora do tempo habitual de estudo. O sociólogo italiano Domenico De Masi fala disso em seu livro *O ócio criativo*. Ele alega que precisamos deixar as conexões acontecerem a seu tempo e que os momentos livres são fundamentais para isso. Ter isso em mente tornará mais produtiva a próxima parte do processo. Então, talvez depois de um cineminha com pipoca, vocês podem editar o plano e deixar só as boas ideias. O que fazer agora? Esmiuçar e organizar o planejamento. Como será colocado em prática? Quantas horas do dia serão dedicadas a ele? Planejamento sem cronograma não adianta! Conheci muitas pessoas com grandes sonhos, mas com dificuldades para tirá-los do papel. Algumas passavam tanto tempo planejando todos os detalhes que perdiam o ímpeto na hora de fazer as coisas acontecerem.

Organização

A *organização* visando à realização é a habilidade essencial para ser bem-sucedido nesse sentido. Como anda a rotina do seu filho? Existe equilíbrio entre estudo e lazer, por exemplo? Hoje em dia existe uma ferramenta muito legal chamada *planner*. É possível achá-lo em papelarias e até mesmo na internet. O *planner* é uma espécie de agenda mais detalhada, com espaço para organizar o dia, a semana e o mês. Assim, é possível estabelecer metas e checar seu desenvolvimento. Seria um ótimo presente para o adolescente.

Poder de decisão

Quando começar a trabalhar essas habilidades, seu filho será capaz de exercitar uma das mais importantes: o *poder de decisão*. Cada escolha que fazemos, das menores às maiores, nos torna quem somos. A vida de uma pessoa, aliás, é o resumo de suas decisões, ainda que ela não controle tudo o que acontece. Decidir é escolher o que fazer e como reagir, com sabedoria e discernimento. É claro que o jovem, por estar no processo de amadurecimento, de vez em quando tomará decisões erradas. Mesmo elas têm muito a ensinar, pois também se aprende com os erros.

Como trabalhar o poder de decisão do seu filho? Deixando que ele faça escolhas, de acordo com seu grau de maturidade. Você pode começar com tarefas simples, como escolher o que comer no café da manhã, e ir avançando aos poucos. Você também pode auxiliá-lo nessas escolhas, mas espere que ele peça ajuda e, se souber que ele é capaz de fazer a escolha certa, não dê respostas, faça perguntas.

Uma vez atendi um pai solteiro que estava ensinando a filha a tomar as decisões corretas. A moça andava insegura quanto a deixar de falar ou não com uma amiga. Achava que ela não perdia a oportunidade de jogá-la para baixo ou se comparar de forma superior. Em vez de dizer à filha que deveria cortar a amiga do círculo de amizades, o pai sugeriu que ela fizesse uma lista de prós e contras do relacionamento e conversassem com ele a respeito. Pediu também que ela desse um peso de 0 a 10 para cada uma das coisas que anotasse. No fim das contas, ele nem precisou falar nada. A jovem mesmo chegou à conclusão de que aquela amizade era tóxica.

Decidir às vezes implica em ganhos e perdas. Não temos tempo nem energia para tudo e, para conseguir aquilo que realmente queremos, precisamos estabelecer prioridades. Há adolescentes com dificuldade de tomar decisões justamente porque não suportam a ideia de perder alguma coisa e então não fazem nada. Não investem verdadeiramente e, por vezes, atrelam-se a determinadas situações por comodismo e medo, como naquela famosa frase: "Não está bom, mas pelo menos é alguma coisa". Eduque seu filho para ser corajoso e não medíocre.

Vou contar uma história real bem bonitinha. Certa vez, um autor, muito fã da escritora Clarice Lispector, mandou um romance para a casa dela. Deixou endereço e telefone, na esperança de que ela lhe desse algum retorno. Pois um dia, eis que o telefone toca e ele atende. "Alô? Gostaria de falar com fulano de tal." "É ele. Quem está falando?" "Clarice Lispector. Ouça com atenção. Você precisa de coragem. Sem coragem, ninguém escreve."

Não era exatamente o que ele queria ouvir, mas ficou a lição. Esse autor ainda escrevia de forma mediana e percebeu que podia ir além depois do telefonema de Clarice. Você também deve ser sincero com seu filho. Se perceber que ele está numa situação apenas por medo ou comodismo, fale diretamente. Tente entender quais são esses medos e o que ele pode fazer para superá-los. Caso pareça ser uma tarefa difícil, busque a ajuda de um psicólogo. Aliás, já falei, né? Se você tiver condição de colocar seu filho na terapia desde o início da adolescência será um excelente investimento!

Relacionamento interpessoal

Por último, mas não menos importante, quero falar de uma das principais características que definem o sucesso. O escritor norte-americano Napoleon Hill, *best-seller* no mundo inteiro, concorda comigo. Durante toda a sua vida, ele entrevistou homens e mulheres muito bem-sucedidos e satisfeitos. Essas pessoas haviam conquistado não só o sucesso profissional, mas também famílias saudáveis e unidas. Hill percebeu que todos tinham uma característica em comum: bom relacionamento interpessoal.

Uma pessoa que se relaciona bem sabe detectar quem deve ter a seu lado. Ela é boa no que chamamos de "ler" o outro, agregando a sua vida gente do bem, positiva, com ideias interessantes. Essa sensibilidade faz, inclusive, com que lide muito bem com pessoas difíceis, justamente por ter empatia. Assim, evita armadilhas fáceis de relacionamento e angaria simpatia e apoio por onde passa. Sabe aquela pessoa que você ama encontrar? Que tem sempre um conselho sábio e que deixa o dia mais leve e colorido? Gente assim é inspiradora.

Ensine seu filho a motivar e ser uma boa referência para os outros. Fale da importância de ser educado, ouvir as pessoas e se dispor a ajudar quando puder. Converse com ele sobre o fato de que cada pessoa é de um jeito e que, às vezes, interpretamos mal alguém por não pensarmos da mesma forma. Para que seu filho desenvolva bom relacionamento interpessoal é fundamental que ele aprenda a se comunicar de forma clara, levando em consideração *o que* fala e *como* fala. Vale frisar que ser sincero é diferente de ser insensível.

Esse ensinamento deve começar por você. Comunique-se de forma clara, saiba falar sem magoar ou agredir emocionalmente o adolescente. Tenha paciência, carinho e compreensão tanto nas palavras que emite quanto nos gestos do dia a dia. Avalie como anda seu relacionamento com as pessoas mais próximas, pois seu filho repara como você trata o/a companheiro/a, os amigos e familiares, e pode acabar imitando-o/a.

Recebi no consultório uma mulher e a filha de 16 anos, com a queixa de que a moça era desrespeitosa e a xingava constantemente. Ao conhecer melhor a história da família, percebi que essa mulher tinha um relacionamento bem difícil com a mãe e a tratava dessa mesma forma. O que acontecia com a filha era, na verdade, a reprodução de um padrão seu de comportamento. Quando percebeu, ela ficou chocada, mas foi o primeiro passo para mudar sua postura.

Devemos tratar os outros como queremos ser tratados. O livro *O pequeno príncipe*, do escritor francês Antoine de Saint-Exupéry, tem uma frase clássica e muito sábia: "Somos responsáveis pelo que cativamos". Essa frase nos leva a refletir sobre nossa postura em relação aos sentimentos que provocamos nos outros. Não é que sejamos sempre ou os únicos culpados pelo que causamos, longe disso, mas devemos pensar sobre como as pessoas recebem o que falamos e fazemos e verificar o quanto disso tem a ver com a nossa conduta.

Viver bem, afinal, é colecionar boas memórias. Deixar para a posteridade um pouco de nossa história quando nos formos desse mundo. É por isso que educar é uma tarefa tão importante. Quando encaramos a adolescência como um processo rico, vivo, empolgante e cheio de possibilidades estamos também, de certa forma, participando desse período da vida de nosso filho.

Participe, então, da melhor forma possível. Coloque empenho e energia nessa tarefa tão árdua e maravilhosa. Não existe nada tão bonito quanto deixar uma pessoa de bem como herança para o mundo. Agora que estamos chegando ao final (que saudade vou sentir de conversar com você!), espero que tenha se sentido inspirado a ser um pai, uma mãe, um educador ainda melhor, a partir das histórias que contei.

Se for preciso, não tenha medo de mudar e alterar o percurso. Releia o livro quando quiser e refaça os exercícios de tempos em tempos. Eu vou estar sempre aqui para ajudar e espero um dia encontrá-lo pessoalmente em uma de minhas palestras ou no consultório. Foi um prazer falar sobre a adolescência. Espero que sua família inteira colha bons frutos!

Conclusão

Todos os pais buscam a felicidade dos seus filhos!

Porém, os desafios apresentados pela vida são inúmeros e nem sempre estamos preparados para o que vem pela frente.

Não existe casamento de contos de fadas, relacionamentos sem conflitos, pais despreocupados com o futuro de seus filhos, tampouco espaço para o comodismo e o vitimismo no enfrentamento de obstáculos. As dificuldades nos fazem crescer e a sensação de amadurecimento é sublime!

Precisamos investir parte do nosso tempo em questionamentos e reflexões para que possamos nos aperfeiçoar sempre. Precisamos ter coragem de mudar de rota quando vemos que algo em nossa vida não está bem ou não está alinhado com nossos valores e propósitos. A vida deve ser uma grande viagem com um único destino: a felicidade.

Aprendemos desde cedo que devemos ser bem-sucedidos na vida, mas demoramos a entender que só há sucesso se houver felicidade e, quando buscamos a felicidade, ficamos mais próximos da nossa essência, exploramos nossas maiores habilidades, elevamos nossa autoestima e capacidade de transformação.

Os pais precisam observar, acompanhar e auxiliar os filhos ao longo de todo esse processo de evolução. Precisam ajudá-los a desenvolver as características básicas para uma vida bem-sucedida: ter capacitação (estudo é um dos caminhos), visão estratégica, poder de decisão, organização e bom relacionamento interpessoal. Direcioná-los no processo de aprendizagem, que conta com quatro pilares: aprender a conhecer, a fazer, a conviver e a ser. Garantir o entendimento das três dimensões do limite que servem como guia importantíssimo para a formação de um jovem, pois é através delas que entendemos até onde podemos ir, onde termina o nosso direito e onde começa o do outro. Ensinar que sexualidade é vida, inerente ao ser humano e está ligada à beleza e ao amor, explicando que não é preciso exibir o corpo para chamar a atenção, ser aceito ou receber amor.

Toda família tem dinâmicas que, por vezes, precisam ser melhoradas. Porém, seja qual for o modelo adotado em seu lar, a família é a base da educação. Portanto, olhem para seus filhos, observem e deem-lhes atenção. Os filhos precisam de amor, rotina, disciplina, oportunidades, motivação, boa alimentação e higiene. Isso é um compromisso dos pais com os filhos e com o mundo.

Os jovens são o motor propulsor de nossa sociedade. Teremos desafios que só as novas gerações, se bem preparadas, poderão resolver, como a política, as diferenças ideológicas e a utilização dos recursos naturais para garantir a sustentabilidade de nosso planeta. A saúde e a educação não poderão mais ter tantas lacunas como atualmente nos países de terceiro mundo, pois isso limita essa evolução. E nós – pais, educadores, psicólogos, médicos, religiosos e quem puder e quiser se comprometer – devemos nos juntar em uma força-tarefa para a construção de um mundo melhor.